Ralf R. Strupat **Der Eiertanz**

Ralf R. Strupat

Der Eiertanz

MitarbeiterBegeisterung als entscheidender Führungsfaktor

orell füssli Verlag AG

Umschlaggestaltung: Andreas Zollinger, Zürich
Umschlagillustration: Barbara Dibie, Bielefeld
Umschlagidee: Jennifer Zacher, Bielefeld
Druck: fgb • freiburger graphische betriebe, Freiburg

ISBN 978-3-280-05394-2

Bibliografische Information der Deutschen Nationalbibliothek:
Die Deutsche Nationalbibliothek verzeichnet diese Publikation in der Deutschen Nationalbibliografie; detaillierte bibliografische Daten sind im Internet über http://dnb.d-nb.de abrufbar.

Inhalt

Willkommen an Bord …

… liebe Leserin und lieber Leser. Schön, dass Sie angeheuert haben auf unserer Reise durchs BegeisterungsLand! Auf den folgenden knapp 200 Seiten steuern wir gemeinsam ein ehrgeiziges Ziel an: Was können Sie als Führungskraft dafür tun, dass in Ihrem Unternehmen, in Ihrer Abteilung ein tatkräftiger, optimistischer und kompromisslos kundenfreundlicher Geist herrscht? Anders ausgedrückt: Wie sorgen Sie für echte MitarbeiterBegeisterung?

Der eine oder die andere wird beim Stichwort «MitarbeiterBegeisterung» wahrscheinlich zusammengezuckt sein: Jetzt reicht es also schon nicht mehr, zu motivieren – jetzt sollen Sie auch noch «begeistern»?! Ob ich weiß, was Sie sonst noch alles zu tun haben? Dass Sie froh sind, wenn der Laden einigermaßen läuft? Seien Sie gewiss: Ich weiß es nur allzu gut. Seit zehn Jahren berate und trainiere ich Unternehmen in Sachen KundenBegeisterung – kleine, mittelständische wie Global Player. Mir sind in diesen Jahren zahlreiche Führungskräfte begegnet, die Tag für Tag am Limit arbeiten. Führungskräfte, die sich zwischen Kundenwünschen, Erwartungen der eigenen Vorgesetzten und Mitarbeiteransprüchen aufreiben. Führungskräfte, die resigniert bekennen, von «Gehalt» könne in ihrem Falle keine Rede sein: Was am Monatsende auf dem Konto lande, sei «Schmerzensgeld». Und Menschen, die spätestens beim Abendessen erzählen, wie lange sie noch «durchhalten» müssen bis zur Pensionierung.

All diesen Führungskräften ist eines klar: Damit es ihr Unternehmen in einigen Jahren noch gibt, muss es ihm gelingen, seine Kunden zu begeistern. In stetig enger werdenden Märkten haben Kunden in nahezu allen Bereichen die Qual der Wahl. Chronisch unfreundliche Verkäufer? Unzuverlässiger Service? Endlose Telefonschleife? Der nächste Anbieter ist nur einen Mausklick entfernt.

Und selbst wenn die Minimalstandards der Kundenorientierung erfüllt sind, wächst die Neigung der Kunden, mal was Neues auszuprobieren. Schließlich ist Gewohnheit ein unauffälliger, aber gefährlicher Feind jeder Beziehung – auch der Kundenbeziehung. Warum nicht mal fremdgehen, wenn es langweilig wird?

BeGEISTerung ist das absolute Gegenteil von Langeweile: ein positives Hochgefühl. Begeisterte Kunden gehen nicht fremd, sondern bringen beim nächsten Mal noch andere mit. Wer seine Kunden begeistert, muss sich um seine wirtschaftliche Zukunft keine Sorgen machen. Und so arbeite ich seit Jahren mit kleinen und großen Teams daran, wie sie ihre Kunden in Hochstimmung versetzen – ganz praktisch, vor Ort, am Point of Sale. Die Maßnahmen, die wir gemeinsam austüfteln, funktionieren. Nur eines wird immer sehr schnell klar: Ohne den richtigen Geist im Unternehmen – ohne Mitarbeiterbe-GEIST-erung – bleibt KundenBegeisterung ein Strohfeuer. Nur begeisterte Mitarbeiter können Kunden begeistern. Und (Sie ahnen es bereits): Begeisterte Mitarbeiter brauchen begeisterte und begeisternde Chefs. Das weiß schon der Volksmund, der in diesem Zusammenhang gern darauf hinweist, wo ein Fisch zuerst zu stinken beginnt. Mit der ungewöhnlichen Schreibweise werde ich im ganzen Buch immer wieder daran erinnern, dass echte BeGEISTerung im richtigen Geist wurzelt.

Eine der ersten Fragen, die ich Vorgesetzten stelle, die von mir erwarten, ihre Mannschaft für KundenBegeisterung zu öffnen, ist daher: Sind Sie selbst begeistert? Gängige Antworten: Siehe oben, zweiter Absatz. Doch so verständlich diese Abwehr ist, sie führt geradewegs auf einen falschen Kurs. Ein Team, das seinen Chef als distanziert, als «nie da», als unorganisiert oder gar als mitleidslosen Antreiber empfindet, zerbricht sich den Kopf kaum über KundenBegeisterung, sondern darüber, wie man es selbst weiter auf dieser Galeere aushalten soll. Mitarbeiter verlassen Vorgesetzte, nicht Unternehmen, haben uns die Experten des Gallup-Instituts schon vor

Jahren erklärt. Das sind jene Experten, die mit ihrem «Engagement Index» Jahr für Jahr für leichtes Erschrecken in den Chefetagen sorgen, denn nach dieser Erhebung haben etwa zwei Drittel aller Mitarbeiter innerlich gekündigt. Doch wer sich fühlt wie auf einer Galeere, wird seine Kunden niemals umsorgen wie der Chefsteward eines Luxusliners.

Ambitionierte Chefs, die bestenfalls gleichgültige Mitarbeiter auf Kundenorientierung zu trimmen suchen? Das kostet jede Menge Energie – Ihre Energie! Investieren Sie diese Energie lieber in den richtigen Geist im Unternehmen. Dann stellt sich BeGEISTerung schon ein, bei Mitarbeitern wie bei Kunden. Segeln Sie also nicht in die falsche Richtung, sondern nehmen Sie Kurs auf BeGEISTerung! Wie, das erfahren Sie in diesem Buch. Ich verspreche nicht, dass das einfach ist. Nicht umsonst heißt das Buch «Der Eiertanz». Aber ich verspreche Ihnen, dass es sich lohnt. Eine spannende Reise wünscht Ihnen

Ihr Ralf R. Strupat

PS: Unter www.dereiertanz.de finden Sie viele ergänzende Praxistools zu diesem Buch. In allen folgenden Kapiteln macht Sie das bunte Ei am Rand darauf aufmerksam.

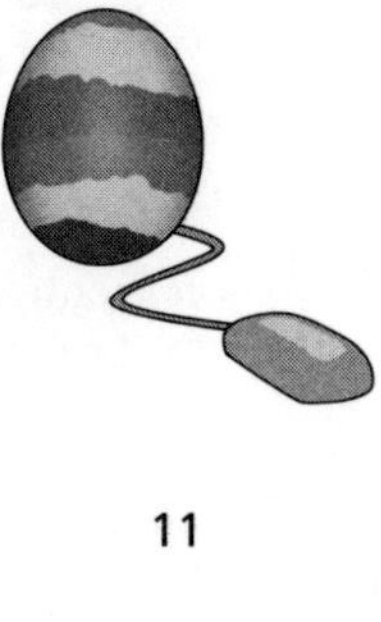

«Wir sitzen alle in einem Boot?
Stimmt! Nur die einen rudern und die anderen angeln!»
(Bürospruch)

1. Unternehmen heute – Galeere oder Traumschiff?

Wer es als Chef heute wagt, gegenüber seinen Mitarbeitern vom «Unternehmensboot» zu reden, in dem alle säßen, erntet häufig nur noch matte Seufzer, nicht selten zynische Sprüche. Kein Wunder, denn das Bild ist ebenso treffend wie gewagt: Zwar kann man mit einem Schiff große, ferne Ziele erreichen, wenn alle zusammenhalten. Man kann jedoch auch gemeinsam Schiffbruch erleiden. Und zweifellos kommt es auf einem Schiff tatsächlich auf jeden Einzelnen an, wenn die Reise ein Erfolg werden soll – vom Matrosen bis zum Kapitän. Doch auf der Kapitänsbrücke lebt es sich vielleicht ein bisschen angenehmer als im Unterdeck. Es soll ja Schiffe geben, auf denen der einfache Matrose nie erfährt, dass der Kapitän seine Arbeit wirklich zu schätzen weiß ...

Boot ist eben nicht gleich Boot. Seit Jahren arbeite ich mit vielen Unternehmen, kleinen, mittelständischen wie großen, daran, wie sie für KundenBegeisterung sorgen können. Wenn Sie so wollen: wie ihr Boot zum echten Traumschiff werden kann. Wer die «Traumschiff»-Filme kennt, weiß, dass dort die Kunden/Passagiere rundherum verwöhnt und vor allerlei Unbill bewahrt werden. Möglich ist das nur durch eine engagierte Crew, die eisern zusammenhält und auch mal ungewöhnliche

Wege geht. Nein, ich bin nicht hoffnungslos naiv und ich verbringe meine Zeit auch nicht mit TV-Schmonzetten. Aber ich bin überzeugt, dass ein Teil der Anziehungskraft der Kultreihe, die seit dreißig Jahren läuft und bis zu 25 Millionen Zuschauer verbuchte, auf diesen «traumhaften» Teamgeist geht. Manch ein Zuschauer erlebt die eigene Arbeitswelt dagegen eher als Galeere. Und das hat dann leider fatale Folge für den Service an Bord.

Wieso hab ich nur hier angeheuert?! Das öde Mittelmaß

«Apfelkuchen?!», schallt es uns im Kommandoton entgegen, noch während die Kellnerin auf unseren Tisch zusteuert. Wir haben die Dame noch nie gesehen, denn die Bestellung hat eine Kollegin aufgenommen. Während ich noch überlege, ob ich aufstehen und die Hacken zusammenschlagen muss, geht der Appell weiter: «Kaffee?! Cappuccino?! Wasser?!» Zack, zack, zack landet die Bestellung auf unserem Tisch, jeweils begleitet von einem kleinen Knall auf der edlen Marmorplatte. Denn wir befinden uns nicht in einer Imbissbude, sondern in einem Café der gehobenen Preisklasse. Ein Gruß oder gar ein Lächeln? Keine Spur.

«Nein, einpacken kann ich Ihnen das Buch nicht. Die Kunden haben in den letzten Wochen so viel gekauft, dass uns das Geschenkpapier schon vor Tagen ausgegangen ist. Dabei ist noch nicht einmal Ostern!» Der Buchhändler bringt es fertig, mich bei dieser Auskunft vorwurfsvoll anzusehen. Schließlich gehöre ich auch zu den lästigen Kunden, die für akute Papierengpässe sorgen. Ob denn vielleicht der Kiosk gegenüber Papier führe? «Weiß ich nicht», sagt er. «Ist mir doch egal», sagt sein Gesicht.

Und ein weiterer Szenenwechsel: Ich betrete das Büro eines Architekten, mit dem ich den Umbau unseres Seminar- und Erlebniszentrums «BegeisterungsLand» besprechen will. Die meisten Schreibtische sind verwaist, und die anwesende Mitarbeiterin schenkt mir nur widerstrebend ihre Aufmerksamkeit. «Ist Herr X da?» Die Dame ist einsilbig: «Nein.» «Wann ist er denn zu sprechen?» Die Antwort: «Sie können es ja mal gegen 15 Uhr probieren.» Leider schaffe ich es erst um 17 Uhr per Telefon. Ich erreiche den Anrufbeantworter und erfahre: «Leider rufen Sie außerhalb unserer Geschäftszeiten an. Diese sind …» Kunde droht erfolglos mit Auftrag. Klagen nicht gerade Architekten über die schwierige Geschäftslage?

Wir alle kennen solche Situationen zur Genüge. Träumen wir ein bisschen: Wie sähe es auf einem Traumschiff aus? Dort würden uns unsere Kaffeewünsche von den Augen abgelesen und der Cappuccino mit echter Herzlichkeit serviert, nicht mit diesem Haifischgrinsen, das manche Mitarbeiter im Service sich gerade noch abringen können. Der Buchverkäufer hätte entweder eine originelle Verpackungsidee oder schon längst neues Geschenkpapier besorgt. Statt einsilbigem Abwimmeln gäbe es dort Interesse für Kundenwünsche und aktives Eingehen darauf. So weit, so schön. Nur: Sind Sie sicher, dass es in Ihrem Unternehmen, in Ihrer Abteilung so viel besser aussieht als in den geschilderten Alltagsszenen? Dass Ihre Business-Kunden, auf die Sie als Mittelständler dringend angewiesen sind, tatsächlich die bestmögliche Beratung bekommen? Oder dass jeder, der Ihr Büro betritt, sich herzlich willkommen fühlt und wiederkommt – statt auszuprobieren, was der Mitbewerber an der nächsten Straßenecke zu bieten hat? Die Statistik gibt da eher Anlass zur Sorge.

Die Motivationsmisere

Die Zahlen sind bekannt, denn sie geistern jedes Jahr durch die Presse, immer dann, wenn das Gallup-Institut seinen «Engagement

Index» veröffentlicht. Jahr für Jahr fördern die Gallup-Forscher in ihren Umfragen zutage, dass nur eine kleine Minderheit der Arbeitnehmer hoch motiviert arbeitet und Spitzenleistungen erbringen will. 2009 waren das gerade noch 11 Prozent. Zwei Drittel der Mitarbeiter in Deutschland machen Dienst nach Vorschrift, und die restlichen 23 Prozent haben innerlich gekündigt.[1] Bei dieser Gruppe kann der Chef schon froh sein, wenn sie möglichst wenig Schaden anrichtet. In Österreich und der Schweiz sieht es nur wenig besser aus. Und falls Sie zögern, sich allein auf Gallup zu verlassen: Das «Arbeitsklima-Barometer» des Taunussteiner IFAK-Instituts kommt zu ganz ähnlichen Ergebnissen. «Nur noch 12 Prozent der Beschäftigten fühlen sich ihrem Arbeitgeber gegenüber verpflichtet und sind mit Motivation und Engagement bei der Arbeit (...). Die Mehrheit der Beschäftigten (64 Prozent) spult am Arbeitsplatz das Pflichtprogramm ab. Der Anteil derer, die ihren Arbeitsvertrag innerlich schon gekündigt haben, liegt aktuell bei 24 Prozent», meldet das Institut für 2008 auf seiner Website.[2]

Interessant ist, woraus die Wissenschaftler die Motivationsmisere ableiten: aus der «geringen emotionalen Bindung» der Arbeitnehmer an ihre Firma. Vielleicht tun sich die Führungskräfte in den Unternehmen deshalb so schwer damit, praktische Konsequenzen aus solchen lange bekannten Befunden zu ziehen. Es geht um Identifikation, um Gefühle, und damit können wir im vermeintlich «rationalen» Geschäftsleben offenbar besonders schlecht umgehen. Davon hört man ja auch in keiner BWL-Vorlesung. Doch die Diagnose passt zu unseren Café-, Buchhandlungs- oder Architektenerlebnissen: So verhalten sich Mitarbeiter, die Dienst nach Vorschrift für eine ganz normale Serviceleistung halten und dabei häufig noch überzeugt sind, sie machten ihren Job ganz ordentlich. Oder Mitarbeiter, die sich fühlen wie auf einer Galeere und den nächsten Landgang herbeisehnen – den nächsten Urlaub, die Rente, zumindest das Wochenende. Das ist der Alltag in vielen Unternehmen. Kein Wunder, dass dieselben Radiosender, in denen mit Grabesstimme über erschreckende Studien zur Motivation berichtet wird, fröhlich jeden «Brückentag» feiern und offenbar davon ausgehen, dass am Mittwochabend das ganze Land ins echte (Freizeit-)Leben startet. Und da komme ich und will Sie zur MitarbeiterBegeisterung motivieren?! Genau das. Denn Sie als Chefin oder Chef, egal ob Geschäftsführer, Abteilungsleiter oder Teamleiter, sind der Schlüssel in diesem Spiel.

Führung als Schlüsselfaktor

An Ihnen liegt es, ob Ihre Leute mit Verve die Segel setzen oder sich in den Schmollwinkel der inneren Kündigung zurückziehen und nur das Allernötigste bewegen. «Mitarbeiter verlassen nicht Unternehmen, sondern Vorgesetzte», formulierten die Gallup-Forscher schon vor Jahren.[3] Diese bittere Pille kann ich Ihnen leider nicht ersparen. Mancher alte Hase im Geschäft sieht diesen Zusammenhang sehr klar. «Kapital lässt sich beschaffen, Fabriken kann man bauen, Menschen muss man gewinnen», sagt etwa Hans Christoph von Rohr, Ex-CEO Klöckner-Werke. Wie also gewinnt man Menschen? Jedenfalls nicht nur mit Geld oder anderen Incentives, das wissen Motivationsforscher schon lange. Geld kommt gleich nach Sauerstoff: Bezahlung ist selbstverständlich, und bessere Bezahlung motiviert allenfalls kurzfristig. An der Einstellung zur Arbeit, am «Geist» eines Unternehmens ändert sie nichts. Dauerhafte Motivatoren sind Anerkennung, Eigenverantwortung, Gestaltungsmöglichkeiten, Zugehörigkeit. Wer das Gefühl hat, gebraucht und wertgeschätzt zu werden, fühlt sich nicht wie ein Galeerensklave, auch wenn er viel zu tun hat (mehr dazu in Kapitel 2).

Wenn die Rahmenbedingungen stimmen, sind die meisten Menschen durchaus bereit, sich stark zu engagieren, auch über das «normale Maß» hinaus. Denn machen wir uns nichts vor: Mit durchschnittlichen Mitarbeitern, die durchschnittlichen Service bieten, können nur noch wenige Unternehmen ihr Überleben sichern. In den allermeisten Segmenten haben wir es heute mit einem knallharten Käufermarkt zu tun. Ihre Verkäuferinnen sind unfreundlich? Der nächste Bäcker ist in der Stadt nur einen Steinwurf entfernt und auf dem Land mit dem Auto ebenso gut zu erreichen wie Sie. Sie sind ein Zulieferunternehmen im Maschinenbau und konkurrieren mit zahlreichen Mitbewerbern? Warum soll man mit Ihnen zusammenarbeiten, wenn Sie «nur» das liefern, was alle liefern, und zwar genauso gut, aber eben auch nicht besser? Vielleicht macht es Ihr Mitbewerber ja noch ein bisschen billiger. Sie betreiben ein Gartencenter am Stadtrand? Wieso sollte ich bei Ihnen meine Pflanzen für Garten oder Haus kaufen, wo heute jeder Discounter regelmäßig Grünes im Angebot hat, und zwar zu erstaunlich günstigen Preisen?

Übrigens: Die letzte Frage kann ich Ihnen gleich beantworten, denn ich fahre mehrmals im Jahr zum Gartencenter Brockmeyer bei Bielefeld und nehme dafür etliche Kilometer in Kauf. Dort erwarten mich fachkompetente Verkäufer, eine erstklassige Beratung und sogar jahreszeitliche Veranstaltungen von Rosenseminaren bis zum Kursus über Buchsbaumschnitt. Irgendwie werde ich das Gefühl nicht los, dort eher von begeisterten Gartenfreunden als von «Gartencenter-Angestellten» umgeben zu sein. Und diese BeGEISTerung schlägt sich in einem Ausnahmeservice nieder, der geradewegs zu (meiner) KundenBegeisterung führt.

Sie haben schon alles versucht?

Gerne spielen die Chefs beim Thema «MitarbeiterBegeisterung» den schwarzen Peter zurück: Man tue ja alles, aber man habe wohl die falschen Leute. Die seien einfach träge, desinteressiert, müde. Was man nicht alles versucht habe … Haben Sie auch solche Leute in Ihrem Team? Ich frage in solchen Momenten die Chefs gerne, was sie denn mit «alles» meinen. Oft stellt sich dann heraus, dass sie ordentliche Gehälter bezahlen, jährlich einen Betriebsausflug spendieren und Mitarbeiter auf Seminare schicken. Dass das heute nicht mehr reicht und warum das so ist, werden wir später noch sehen. Im Kapitel 4 finden Sie Ideen und Anregungen, wie Sie Ihren Unternehmensalltag so gestalten können, dass er Mitarbeiter wirklich begeistert. Doch vielleicht haben Sie recht, und bei dem einen oder der anderen ist Hopfen und Malz verloren. Ja, denn es gibt genügend Menschen, die «die Arbeit nicht erfunden haben», wie man bei uns in Westfalen sagt. Menschen, die weniger leistungsfreudig sind als andere, selbst wenn die Rahmenbedingungen stimmen. Menschen, die die falsche Einstellung haben – zum Unternehmen, zur Arbeit, zum persönlichen Einsatz ... Manche dieser Mitarbeiter sind einfach am falschen Platz (oder haben schlicht den falschen Beruf gewählt, weil Patenonkel und Arbeitsamtsberater dazu anregten). Anderswo könnten sie aufblühen, wenn sie denn den Mut und die Energie zu einer Kurskorrektur hätten. MitarbeiterBegeisterung hat auch damit zu tun, die richtigen Leute am richtigen Platz zu haben. Deshalb widmen wir dem Thema Mitarbeitersuche ein eigenes Kapitel, das fünfte.

Viele dieser vermeintlichen Leistungsverweigerer laufen zu Hochform auf, wenn sie eine Sache wirklich interessiert. Manche Führungskraft erkennt ihre Leute kaum wieder, wenn sie ihnen außerhalb von Büro, Laden oder Werkshalle begegnet. Da stellt man plötzlich fest, dass der blasse Herr Meier aus der Logistik in seiner Freizeit nicht nur eine Jugendmannschaft trainiert, sondern ganze Fußballturniere organisiert und dazu sogar letztes Jahr eine Mannschaft aus der französischen Partnerstadt einlud, unterbrachte und für Sponsoren sorgte. Und der abweisende Lagerleiter, der auf jedes Ansinnen jenseits von Schema F reflexartig mit «Weiß ich nicht», «Geht nicht», «Kann nicht sein» antwortet, stellt sich als eingefleischter Oldtimerfan heraus, der mit ungeheurer Findigkeit nach einem original Kühlergrill für seinen Opel Baujahr 62 fahndet und mit leuchtenden Augen von der letzten Oldtimerrallye berichtet. BeGEISTerung pur, die jedoch mit Durchschreiten des Firmentors auf geisterhafte Weise verschwindet. Jeder Mensch kann sich für etwas begeistern. Wäre es nicht toll, wenn Sie es schafften, dass Ihre Mitarbeiter einen Teil dieser BeGEISTerung auf ihre Arbeit und das Unternehmen verwenden? Wenn Sie auch im Büro einmal leuchtende Augen sähen?

Warum MitarbeiterBegeisterung kein «Luxus» ist

Wenn ich Vorträge halte oder mit einer Beratung starte, spüre ich zu Beginn nicht selten eine gewisse Skepsis. Mancher scheint beim Stichwort «MitarbeiterBegeisterung» Geheimtipps für Mitarbeiterbespaßung zu erwarten – zwischendurch mal ganz nett, aber doch irgendwie am Unternehmensalltag vorbei. Die Idee, dass Arbeit Freude machen kann und soll und dass davon nicht nur der Einzelne, sondern auch das Unternehmen profitiert, ist vielen Menschen fremd. Die «Dienst ist Dienst und Schnaps ist Schnaps»-Mentalität ist weit verbreitet. «Im Schweiße unseres Angesichts» sollen wir unser Brot essen, heißt es in der Bibel (1. Mose 3, 19); und die protestantische Ethik erkennt in einem asketischen Arbeitsleben den gottgefälligen Weg ins Himmelreich. Kurz: «Arbeit» und Spaß oder gar «BeGEISTerung» werden meist als Gegensätze verstanden. Und wer nicht in den allgemeinen Jammerchor («Stress!», «Chaos-Projekt!!», «Unfähiger Chef!!!») einstimmt und gesteht, er arbeite *gern,* erntet ungläubige bis scheele Blicke.

Im Folgenden zunächst vier naheliegende Gründe, warum Sie als Chef ein großes Interesse an begeisterten Mitarbeitern haben sollten:

1. Sie brauchen Mitarbeiter, die mitdenken.
2. Sie brauchen Mitarbeiter, die Kunden begeistern.
3. Sie haben kein Geld zu verschenken.

4. MitarbeiterBegeisterung bereichert auch Ihr Arbeitsleben.
   Schauen wir uns diese Gründe näher an.

Grund 1: Mitarbeiter, die mitdenken

Unstrittig ist, dass unsere Arbeitswelt in den letzten Jahren immer komplexer geworden ist. Neue technische Möglichkeiten, etwa Computer und Internet, haben Prozesse enorm beschleunigt. Immer mehr «einfache» Tätigkeiten werden automatisiert, und die verbleibenden Arbeitsplätze stellen höhere Anforderungen an die Mitarbeiter als früher. Jeder Kfz-Mechaniker muss heute mit digitalen Messgeräten umgehen können, wer im Baumarkt arbeitet, die komplizierte Lagerlogistik beherrschen. Gleichzeitig sind die Kundenansprüche gewachsen. Vor fünfzig Jahren hatte der Kunde die Auswahl in einem überschaubaren Heimwerkersortiment, heute erwartet er passgenaue Lösungsangebote aus einem Riesenangebot. Die lassen sich nicht in der Chefetage vorplanen und von oben diktieren. Kurz: Sie brauchen mitdenkende (zum Mitdenken bereite!) Mitarbeiter. Wer innerlich gekündigt hat, befindet sich auf der Arbeit allerdings meist auch im «Denk-Streik», und wer Dienst nach Vorschrift schiebt, tut nur das Nötigste. Umgekehrt gilt: Wer Spaß an seiner Arbeit hat, denkt sogar besser! Forscher der Harvard Business School fanden unlängst heraus, dass gute Stimmung am Arbeitsplatz sich positiv auf Engagement, Arbeitsqualität und Produktivität auswirkt – sogar mit einer gewissen Langzeitwirkung: «Wer gute Laune hat, ist zum Beispiel noch einen Tag später signifikant kreativer», heißt es im «Harvard Business Manager».[4]

Grund 2: Mitarbeiter, die Kunden begeistern

Rufen Sie sich bitte kurz in Erinnerung, wann Sie selbst als Kunde das letzte Mal richtig begeistert waren. Woran lag das? Am tollen Produkt oder am tollen Service? Begeistert sind wir in der Regel dann, wenn wir positiv überrascht werden – wenn wir als Kunden mehr bekommen, als wir erwartet haben. Dieses «Mehr» sind in der Regel nicht die tausend extra Bonusmeilen oder die weitere Zusatzfunktion am Handy, sondern der Verkäufer, der uns endlich mal verständlich erklärt, wie das Ding funktioniert, oder die Mitarbeiterin der Airline, die uns mit Blick auf unseren Gipsfuß ein Upgrading ermöglicht: «Da sitzen Sie mit Ihrem verletzten Bein bequemer!» Menschenerlebnis geht vor Materialerlebnis. Dass Produkte immer besser werden und Unternehmen uns mit Rabatten und Bonuspunkten ködern, sind wir längst gewöhnt. Dass wir als Kunden durchschnittlich bis lieblos behandelt werden, leider auch. Hier haben Unternehmen die Chance, echte Überraschungsmomente zu bieten und Kunden zu begeistern. Das wiederum geht nur mit Mitarbeitern, die ihren Job mit BeGEISTerung machen.

Grund 3: Kein Geld zu verschenken

Schlechte Stimmung im Unternehmen kostet Geld – jeden Tag, jede Stunde, jede Minute. Es kostet Sie Geld, wenn unfreundliche Mitarbeiter Kunden vergraulen. Dabei genügt fatalerweise häufig ein «fauler Apfel», um die Stimmung im ganzen Team zu trüben. Laut «Deutschem Marketingbarometer» gehen 10 Prozent aller Kunden durch Umzug verloren, 18 Prozent durch «neue Gewohnheiten», aber 70 Prozent durch «unfreundliche bzw. nicht unternehmensorientierte Mitarbeiter». Es kostet Sie Geld, wenn demotivierte Mitarbeiter froh über jeden Schnupfen sind, der ihnen einen «gelben Schein» ermöglicht. «Arbeitnehmer und Arbeitnehmerinnen mit hoher Bindung an ihr Unternehmen weisen im Durchschnitt 4,3 Fehltage auf, diejenigen mit geringer Bindung hingegen 10,0 Fehltage», schreiben die IFAK-Forscher zu ihrem «Arbeitsklima-Barometer 2008». Die Gallup-Forscher schätzen den wirtschaftlichen Schaden der Motivationsmisere auf die kaum vorstellbare Summe von 92 bis 121 Milliarden Euro jährlich.[5] Und es kostet Sie Geld, wenn frustrierte Mitarbeiter im Extremfall das Unternehmen aktiv schädigen, einen Virus ins Intranet schleusen, die Steuerfahndung alarmieren oder ein Projekt bewusst an die Wand fahren. Die Zeitschrift «Capital» bezifferte im Januar 2008 den Schaden für Unternehmen durch solche «Racheakte» für das Jahr 2007 auf 1,6 Milliarden Euro.

Grund 4: Begeistert Chef sein

Was macht mehr Spaß: Aufseher auf einer Galeere zu sein oder Traumschiff-Kapitän? Natürlich eine rhetorische Frage. Doch von einem begeisterten Ausfüllen der Führungsrolle sind viele Chefs im Alltag (see)meilenweit entfernt. Sie reiben sich in der Fülle der Aufgaben auf, klagen über unselbstständige Mitarbeiter und Rückdelegation, immergleiche Fehler und Missstände, Druck von «oben» und «unten» gleichermaßen, und sie empfinden ihr Gehalt zunehmend als Schmerzensgeld. In manchen Unternehmen ist die Stimmung kaum besser als auf der legendären «Bounty» kurz vor der Meuterei. Als Außenstehender bekommt man das Gefühl, dass sich hier alle miteinander das Leben möglichst schwer machen, um sich anschließend zu Hause über diese gemeinsam verursachte Misere bitter zu beklagen. Vielleicht ließe sich das Spiel ja auch nach anderen Regeln spielen?

Dass das möglich ist, beweisen Unternehmen ganz verschiedener Branchen, die sich der KundenBegeisterung verschrieben haben und deren Führungscrew weiß: Dieses ambitionierte Ziel ist nur mit begeisterten Mitarbeitern zu erreichen. Einige dieser Unternehmen werden Sie in diesem Buch näher kennenlernen: den Laufschuhspezialisten Runners Point, das team baucenter Kiel, die sächsische Fleischerei Richter mit zahlreichen Filialen, die Senger Gebäudetechnik GmbH und einen außergewöhnlichen EDEKA-Markt, der gegen den Trend im Einzelhandel erstaunliche Umsatzzuwächse verzeichnet. Die Führungskräfte hier betrachten es als eine ihrer wichtigsten Aufgaben, Arbeitsbedingungen zu schaffen, unter denen ihre Mannschaft begeistert mitzieht. Sie sehen sich nicht primär als Antreiber und Kontrolleure, sondern als Förderer und «Ermöglicher». Und sie gehen unterschiedliche Wege, um das Beste aus ihren Leuten herauszuholen.

Der Geistlauf: Unternehmensziel Begeisterungskultur

MitarbeiterBegeisterung hat nichts mit Kuschelkurs oder gelegentlichen Sahnehäubchen im Unternehmensalltag zu tun. MitarbeiterBegeisterung gehört zu den zentralen Erfolgskonzepten der Zukunft. Warum? Weil Unternehmen mit herkömmlichen Strategien längst an ihre Grenzen stoßen. «Der Wettbewerb der Zukunft wird nicht mehr über die Produktqualität und Preise ausgefochten, sondern über die Unternehmenskultur», so der Erfolgsunternehmer und «Schraubenkönig» Reinhold Würth. Das ist insofern erstaunlich, als eine positive Unternehmenskultur, ein gutes Betriebsklima, eine konstruktive Arbeitsatmosphäre jahrzehntelang allenfalls als angenehme Zugabe angesehen wurden, auf keinen Fall jedoch als überlebensnotwendig. Unternehmensführung wurde nach rationalen Prinzipien betrieben und eher nüchtern als «Management» verstanden, auch im Gefolge von Frederick Winslow Taylor und seiner These von der «Wissenschaftlichen Betriebsführung» (Scientific Management). Und so wurde rationalisiert und outgesourct, verschlankt und effizienter gemacht, was eben ging. Die Mitarbeiter waren dabei im schlimmsten Fall nur eine Kostenstelle, «Humankapital» eben. Über Jahrzehnte war dieses Vorgehen ungeheuer erfolgreich und bescherte enorme Produktivitätszuwächse und Wohlstand für Unternehmer wie ihre Mitarbeiter. Nur: Inzwischen sind die Grenzen der Rationalisierung erreicht, mehr Einsparen geht nicht. Und auch angesichts der dramatischen Ausmaße der Globalisierung muss sich mancher Unternehmer überlegen, was er der billigen Konkurrenz aus Fernost oder anderswo noch entgegenzusetzen hat – wenn nicht innovative Ideen und Mitarbeiter, die es verstehen, Kunden zu begeistern.

Das klassische Erfolgsrezept: Der MbO-Zirkel

Wer heute ein BWL-Studium hinter sich gebracht oder Führungsseminare absolviert hat, führt mit Zielen. «Management by Objectives (MbO)» ist die Methode, die alle «Management by»-Moden überlebt hat und sich im Unternehmensalltag bewährt:

Der MbO-Zirkel

Erfolg durch Erreichen geplanter Ziele

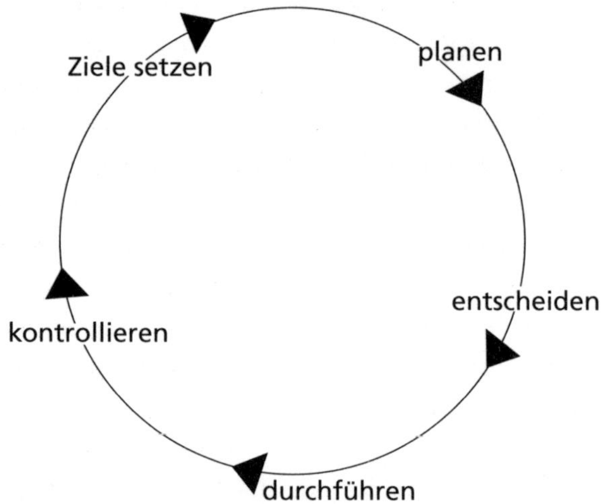

Ja, man braucht klare Ziele, eine solide Planung, fundierte Entscheidungen, gute Prozesse, nach wie vor. Aber das allein reicht nicht mehr aus. Zu diesem Pflichtprogramm muss die Kür kommen, die mehr und mehr über den Erfolg eines Unternehmens entscheidet:

Gelingt es ihm, seine Kunden zu begeistern? Dafür genügt es heute nicht mehr, dass die Marketingabteilung sich eine nette Kampagne ausdenkt. Ginge es nach der Höhe der Werbebudgets, müssten die Deutsche Bahn oder die Telekom zu den beliebtesten Unternehmen überhaupt zählen. Doch der Unternehmenserfolg entscheidet sich «auf den letzten Metern», wie die Verkäufer sagen. Schöne Plakate und tolle Anzeigen sind rausgeworfenes Geld, wenn kaufwillige Kunden von unfreundlichen Mitarbeitern in die Flucht geschlagen oder von überforderten Callcenter-Agents bearbeitet werden, die jede Frage abseits des trainierten Leitfadens ins Schleudern bringt.

In vielen Unternehmen gibt es längst schlanke Prozesse, und das Controlling liefert mehr Zahlen, als irgendjemand wirklich lesen kann. Woran es hapert, sind Angebote, die Kunden begeistern, und Führungskräfte, die Mitarbeiter begeistern können. Kurz: Es fehlt Begeisterungskultur! Überdies: Nicht alles, was auf dem Papier erst einmal gut aussieht und Controller oder Kaufleute begeistert, rechnet sich auch mittel- und langfristig. Es mag ja sein, dass man die Kernmannschaft profitabel noch weiter reduzieren und verstärkt auf Aushilfskräfte oder Leiharbeiter setzen könnte. Die Kosten des damit ausgelösten Motivationsverlustes sind schwerer zu beziffern. Klar ist jedoch: Mitarbeiter, die sich täglich fragen: «Wer weiß, wer hier als Nächster gehen muss?!», werden sich kaum begeistert ins Zeug legen, sondern anfangen, Stellenanzeigen zu lesen. Wie viele Kunden dadurch verloren gehen, zeichnet sich erst mittelfristig ab. Das ist nicht nur ein Problem von Großunternehmen: Wenn die «billigen» 400-Euro-Kräfte in der Bäckerei monatlich wechseln und das eigene Sortiment nicht mehr kennen («Das Frühlingsbrot? Äh, ja, da sind irgendwie Körner drin.» «Glutenfrei?, Ja, ich glaube schon …»), kauft der Kunde sein Brot vielleicht doch lieber woanders. Und wenn die teure Einbauküche von einem «günstigen» externen Montageteam verhunzt wird, erzählt der empörte Kunde das vermutlich dutzendfach weiter – und die vermeintlich billigeren

Monteure kosten das mittelständische Möbelhaus Dutzende potenzieller Kunden. So kommt eine Abwärtsspirale in Gang, die geradewegs in die Insolvenz führen kann.

Das Erfolgsmodell der Zukunft: Der Geistlauf

Unternehmen, die sich für eine Begeisterungskultur entscheiden und diese Kultur erfolgreich leben, stoßen eine Aufwärtsspirale an und werden zu «bunten Eiern» im grauen Einerlei austauschbarer Angebote. Viele solcher Unternehmen habe ich in meinem letzten Buch, «Das bunte Ei», vorgestellt: Zum Beispiel den Schuhgroßhändler Pölking, der sich als Partner seiner Kunden versteht und den Einzelhändlern einen «Rundumservice» vom Internetauftritt über Seminare oder Sortiments- und Flächenplanung bis zum Finanzmanagement bietet. Oder die Fleischerei Richter aus dem sächsischen Oederan, die nach der Wende vom Kleinbetrieb auf inzwischen weit über 100 Filialen expandierte und heute über 700 Mitarbeiter beschäftigt. Solche Leistungen sind nur möglich, wenn

Der Geistlauf

Erfolg durch gelebte Begeisterung

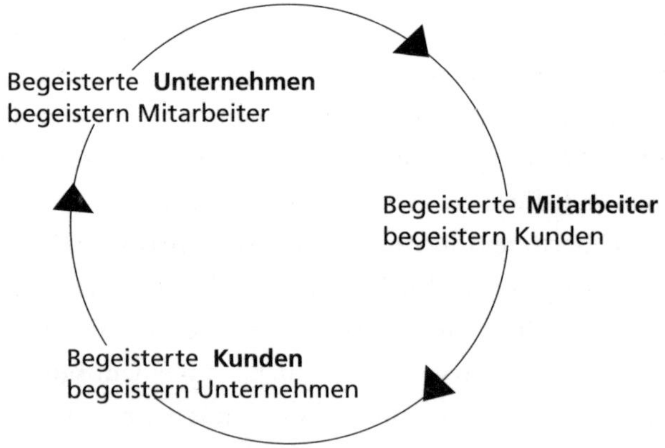

die Mitarbeiter mitziehen. KundenBegeisterung geht nicht ohne MitarbeiterBegeisterung, und für diese BeGEISTerung müssen Unternehmen aktiv sorgen. Es wird also allerhöchste Zeit, den MbO-Management-Zirkel durch einen weiteren Erfolgskreis zu ergänzen – den Geistlauf (siehe Grafik auf Seite 26).

BeGEISTerung ist ein Kreislauf, der zwischen Vorgesetzten, Mitarbeitern und Kunden stattfindet und nicht unterbrochen werden darf. Motivierte Vorgesetzte, die ihre Mitarbeiter gut führen, bewirken BeGEISTerung, und motivierte Mitarbeiter begeistern wiederum die Kunden. Der Schlüssel in diesem Erfolgskreislauf ist ein positiver Geist im Unternehmen. Unter «Geist» verstehen wir bei STRUPAT.Kundenbegeisterung! die Summe der Wertvorstellungen und Kernziele, die das tägliche Handeln in einem Unternehmen und den Umgang der Menschen miteinander ebenso prägt wie die langfristige Ausrichtung. Als Kunde oder Geschäftspartner spürt man etwas von diesem Geist, sobald man ein Unternehmen betritt: Herrscht hier dicke Luft, lustlose Routine oder fröhliche Geschäftigkeit? Wie präsentiert sich das Unternehmen nach außen, im Internet wie im direkten Kundenkontakt? Was will man leisten für seine Kunden und auf welche Weise?

Es ist sicher kein Zufall, dass viele der erfolgreichsten Unternehmen unserer Tage einen Geist besitzen, der Mitarbeiter wie Kunden begeistern kann. Dazu zählt etwa Google mit seinem ungewöhnlichen Firmenmotto «Don't be evil» (Tu nichts Böses) und seiner spielerischen Firmenkultur, zu der nicht nur die immer neuen Gimmicks beim Google-Schriftzug auf der Suchmaske gehören, sondern auch die Freiheit der Mitarbeiter, ein Fünftel ihrer Zeit für das Austüfteln neuer Produkte zu verwenden, oder gemeinsame Volleyballturniere, bei denen «niemand zögert, einen Volleyball auf ein Mitglied der Unternehmensführung zu schmettern».[6] Können Sie sich das in einem deutschen Traditionskonzern vorstellen? Auch Apple gehört zu den Unternehmen, mit denen man spontan einen ganz bestimmten Geist verbindet: die BeGEISTerung für tolles Design etwa, den Kult um den «genialen» Firmenchef Steve Jobs, den Ehrgeiz, innovative Produkte zu liefern, die das Leben der Nutzer einfach schöner machen und denen eingefleischte Apple-Fans förmlich entgegenfiebern. Aber auch viele Familienunternehmen leben mit großer Selbstverständlichkeit einen ambitionierten Geist, der das tägliche Handeln bestimmt, etwa der Erfolgshotelier Klaus Kobjoll, der in seinem «Schindlerhof» unter dem Motto «Family owned, proudly independent» auf maximale Eigenverantwortung der Mitarbeiter setzt und höchste Ansprüche an deren Kundenfreundlichkeit mit exzellenten Entwicklungsmöglichkeiten verbindet. Und ehe Sie denken, ein begeisternder Geist sei nur bei bekannten Unternehmen zu finden: In diesem Buch lernen Sie Beispiele aus der Nachbarschaft kennen – einen EDEKA-Markt in der westfälischen Provinz und einen Heizungs- und Sanitärbetrieb aus Osnabrück mit «Traumschiff»-Qualitäten.

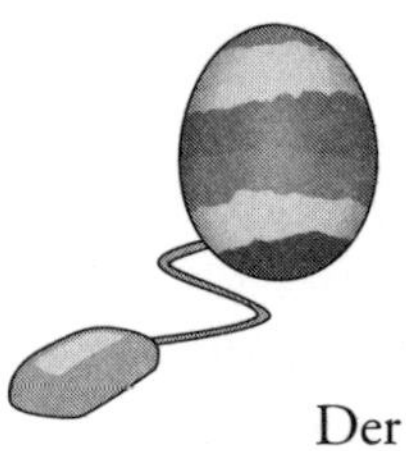

Mehr zum Geist als zentralem Erfolgsmoment und Motor des Begeisterungskreislaufes lesen Sie in Kapitel 2. Und wenn Sie jetzt schon neugierig sind, wie Sie aus den Buchstaben G-E-I-S-T Handlungsmaximen für Ihren Alltag ableiten können, schauen Sie einfach unter www.dereiertanz.de nach!

Der Vorteil einer solchen assimilierten, einverleibten Begeisterungskultur: Sie liefert die Leitplanken für tägliches Handeln. KundenBegeisterung lässt sich auf Dauer nicht mit langen To-do-Listen erreichen, die in Workshops unter dem Motto «Was müssen wir tun, um Kunden zu begeistern?» aufgestellt und dann in Ordnern versenkt werden. Reine Prozess-, Handlungs- und Verfahrensbeschreibungen sind auf Dauer nutzlos – kapieren, nicht kopieren, lautet die Devise! Sehen Sie selbst …

Erfolgsbeispiel Runners Point: «Gelebter Sportsgeist»

«Ich hab dort nur topmotivierte Leute kennengelernt, denen man anmerkt, dass sie hinter der Sache stehen», sagt ein Kunde über Runners Point, und: «Es macht Spaß, dort hinzugehen.» Wer sich fürs Laufen interessiert, kennt den Sportfachhändler, der seit mehr als 25 Jahren am Markt ist und heute 160 Filialen mit rund 1300 Mitarbeitern betreibt – neben dem Flaggschiff Runners Point mit Sport- und Funktionsbekleidung auch die auf Lifestyleschuhe spezialisierten SIDESTEP-Stores und «Running in Reinkultur» unter dem Label «Run^2 by RUNNERS POINT». Wie schafft es das Unternehmen, dass so viel BeGEISTerung beim Kunden ankommt?

«Das geht nur mit den tollsten Mitarbeitern in Deutschland, wenn nicht europaweit», meint Geschäftsführer Otto Hurler – ein Kompliment, das Udo Kithier aus der Personalabteilung umgehend zurückgibt: «Was uns auszeichnet, sind flache Hierarchien und Volksnähe der Geschäftsführung.» Das Unternehmen praktiziere «gelebte Wertschätzung». Dazu gehört, dass ein Geschäftsführer auch schon mal mit anpackt, wenn er eine Filiale besucht, und die Ideen der Mitarbeiter ernst nimmt. Für Mitgeschäftsführer Harald Wittig ist das selbstverständlich: «Wir laufen in dieselbe Richtung; Erfolg ist nur miteinander möglich.»

Die BeGEISTerung fürs Laufen schweißt die Belegschaft zusammen: Wer hier arbeitet, kann sich ein Leben ohne Sport nur schwer vorstellen. Das zieht sich durch alle Hierarchieebenen des Unternehmens, von der Aushilfe bis zu den Geschäftsführern, die selbst bekennende Läufer sind. Intensive Beratung wird großgeschrieben und durch regelmäßige Schulungen der Mitarbeiter ebenso professionalisiert wie durch moderne Technik in den Filialen (Laufband, Videoanalyse, Fußvermessung). Doch Technik und Schulung allein sind es nicht, die für den Ausnahmeservice sorgen – der entsteht erst durch Mitarbeiter, die für ihre Kunden alles stehen lassen.

Das funktioniert nur, weil das Unternehmen sich selbst auch für seine Mitarbeiter ins Zeug legt. Das beginnt bei den Auszubildenden, die die Zentrale in Recklinghausen besuchen und dort zu einem ausführlichen Gespräch mit den Geschäftsführern eingeladen sind. Da werden Harald Wittig und Otto Hurler dann schon mal gefragt, was ihr größter Fehler bei Runners Point war, und scheuen sich nicht, aus dem Nähkästchen zu plaudern. Kein Wunder, dass die Azubis «einen Kopf größer sind», wenn sie zurück in ihre Filialen kommen. Veranstaltet man ein Schulungscamp für Führungskräfte, ist es der Ehrgeiz der Personaler, auch dort für «Wow-Effekte» zu sorgen. Über die letzte Veranstaltung berichtet Kithier: «Unser Ziel war, dass die Leute dort rausgehen und sagen: ‹Es wäre total schade gewesen, wenn ich da nicht dabei gewesen wäre.›» Dafür werden Topreferenten gebucht, neue Lernformen ausprobiert und selbst die Pausen anderes gestaltet, als man es kennt. In der Azubi-Ausbildung setzt man auf ungewöhnliche Lernorte von der einsamen Berghütte bis zum Schiff und auf Teambildungsmaßnahmen, die zum sportlichen Geist im Unternehmen passen – etwa einen Staffellauf von der Quelle der Ruhr in Winterberg bis zur Mündung in Duisburg, bei dem binnen 24 Stunden über 200 Kilometer zurückgelegt werden.

Runners Point bietet viel, fordert im Gegenzug aber auch Leistung ein. Das wird schon in der Personalauswahl offen thematisiert: «Wir sind ehrlich», betont Udo Kithier. «Wir sagen zum Beispiel jedem Bewerber: Das ist ein anstrengender Job, schon aufgrund der Arbeitszeiten und langen Öffnungszeiten.» Wer beides nicht scheut, bekommt die Möglichkeit, sich aktiv ins Unternehmen einzubringen. Otto Hurler und Harald Wittig setzen bewusst auf Ideen ihrer Mitarbeiter, um das Unternehmen mit ihnen gemeinsam weiter voranzutreiben. Deshalb gibt es bei Runners Point «Mannschaftsräte» für zentrale Fragen wie «Führung», «Bedienung» oder «KundenBegeisterung», in denen Mitarbeiter verschiedener Filialen und Hierarchieebenen Verbesserungsvorschläge erarbeiten. Zur Führungskräfteentwicklung gehört ein «Perspektivteam», für das sich fähige Filialleiter qualifizieren und das sich nicht nur zu Seminaren, sondern auch zum Kaminabend mit den Geschäftsführern trifft.

Sportsgeist herrscht bei Runners Point auch im übertragenen Sinne: «Was uns am meisten prägt, ist ein wertschätzendes Miteinander, bei dem alle an einem Strang ziehen», meint Udo Kithier. Auch wenn es schwierig wird, etwa bei Kündigungen, legt man Wert auf Fairness. Niemand soll sein Gesicht verlieren, gemeinsame Entscheidungen werden favorisiert: «Wir setzen auf offene, ehrliche Kommunikation und fragen im ersten Schritt nach der Selbsteinschätzung der eigenen Leistung. Wir wollen keine Drucksituation erzeugen und Mitarbeiter nicht drängen. Und schon gar keine arbeitsrechtlichen Schritte unternehmen.» Nur in einem Punkt kennt man kein Pardon: «Wenn gegen den Geist von Runners Point verstoßen wird, sind wir sehr konsequent.» Wer sich auf diesen Geist einlassen und aktiv dazu beitragen mag, wird Teil eines wachsenden, erfolgreichen Unternehmens – etwas, das die Mitarbeiter erkennbar stolz macht.

Was können Sie, liebe Leserin, lieber Leser, aus dem Bisherigen für Ihr Unternehmen mitnehmen? In der Schifffahrt führt man Logbücher, um wichtige Ereignisse an Bord, aber auch Geschwindigkeit, Kurs und Witterungsbedingungen einzutragen. Auf unserer Reise durchs BegeisterungsLand werden wir ebenfalls ein solches Logbuch führen. Sie finden darin die Kernthesen des jeweiligen Kapitels. Vielleicht legen Sie selbst Ihr persönliches «Logbuch für MitarbeiterBegeisterung» an? Dort können Sie unsere Überlegungen ergänzen, auf Ihren Alltag anpassen und nicht zuletzt konkrete Begeisterungsaktionen planen! Was Sie schriftlich festhalten, werden Sie mit höherer Wahrscheinlichkeit umsetzen als nur «Angedachtes».

Fürs Logbuch

- Mittelmaß ist ein gefährlicher Zustand, wenn das Unternehmensschiff in einen Sturm gerät.
- Wie es auf dem Schiff zugeht, hängt vom Kapitän ab.
- Gute Stimmung in der Crew ist Voraussetzung für echten Traumschiff-Service – für KundenBegeisterung.
- Wer Kunden wirklich begeistern will, setzt nicht auf Regeln für alles und jedes, sondern sorgt für den richtigen Geist an Bord.

«Man muss aus seinem Unternehmen den aufregendsten Ort der Welt machen.»
(Jack Welch, CEO von General Electric)

2. Mit dem richtigen Geist begeistern – Die Sehnsucht nach dem weiten, endlosen Meer …

«Wenn du ein Schiff bauen willst, dann trommle nicht Männer zusammen, um Holz zu beschaffen, Aufgaben zu vergeben und die Arbeit einzuteilen, sondern lehre die Männer die Sehnsucht nach dem weiten, endlosen Meer.» Wer sich mit Mitarbeitermotivation beschäftigt, kommt an diesem Zitat von Antoine de Saint-Exupéry kaum vorbei. Gerne wird der französische Schriftsteller und begeisterte Pilot zitiert, um Managern feurige Visionen abzuverlangen. Damit sollen sie ihre Mannschaft dann in charismatischen Auftritten zu Höchstleistungen anspornen. Echte Charismatiker sind meiner Beobachtung nach allerdings dünn gesät, und eine schöne Vision allein reicht nicht als Motor für tägliche Bestleistungen.

Vor dem Hintergrund meiner Erfahrung in zahlreichen Unternehmen verstehe ich Saint-Exupéry anders und sehr viel bodenständiger: Wer Außergewöhnliches leisten will, darf sich nicht auf nüchternes Management beschränken – Holz beschaffen, Aufgaben verteilen –, sondern er muss für den richtigen Geist im Unternehmen sorgen. Es ist gut, wenn Schiffsbauer sich für die Schifffahrt und das Meer begeistern können. Denn wer seine Arbeit gerne tut und einen Sinn darin sieht, braucht nicht angetrieben zu werden. Er handelt aus einem inneren Antrieb heraus. Der richtige Geist in einem Unternehmen ist viel lebenspraktischer als die viel beschworenen «Visionen» aus der Chefetage. Er ist Kompass für das tägliche Miteinander und Richtschnur allen Handelns. Er garantiert, dass alle, Mitarbeiter und Führungskräfte, tatsächlich an einem Strang ziehen. Ist es ein guter Geist, sorgt er tatsächlich für anhaltende Motivation und begeisterte Kunden. Doch was motiviert Menschen wirklich? Welcher Geist hält ein Unternehmensschiff dauerhaft auf Erfolgskurs? Woran können Sie ablesen, wie viel BeGEISTerung in Ihrem Unternehmen bereits gelebt wird? Und wie gehen Sie mit dem härtesten Klebstoff der Welt um – der Gewohnheit? Das sind die Themen dieses Kapitels.

Mythos Motivation?: Was Mitarbeiter wirklich begeistert

Die Diskussion zum Thema Motivation reißt seit Jahrzehnten nicht ab, und hartnäckig hält sich dabei der Glaube, es gäbe einen Knopf, auf den man nur zu drücken braucht, damit Mitarbeiter besser funktionieren. «Herr Strupat, kommen Sie mal vorbei und bringen Sie meine Leute in Schwung!» – beim ersten Telefonat mit einem Kunden höre ich so etwas öfter. Da schwingt die Hoffnung mit, Menschen seien in zwei Seminartagen auf Engagement und KundenBegeisterung umzuprogrammieren. Doch so funktioniert die Sache nicht. Wer mehr will als ein Strohfeuer, sorgt am besten für ein dauerhaft motivierendes Arbeitsumfeld. Und wie das aussieht, wissen Wissenschaftler und erfolgreiche Praktiker in den Unternehmen schon seit Jahren ziemlich genau.

Keine Frage des Geldes

Der «Harvard Business Manager» veröffentlichte 2010 eine aktuelle Umfrage, an der mehr als 3400 Mitarbeiter wie Führungskräfte aus dem gesamten Bundesgebiet teilnahmen. Die Top-drei-Motivatoren sind danach:

1. «Zufriedenheitsgefühl»
2. «Arbeitsklima; Freude und gute Stimmung bei der Arbeit»
3. «Eigenverantwortliches Handeln; Freiräume; aktive Teilnahme am Entscheidungsprozess»[7]

Geld taucht unter den ersten zehn Faktoren, die Menschen dazu bewegen, sich besonders zu engagieren, bezeichnenderweise nicht auf. Menschen wollen gefordert werden und sich am Arbeitsplatz wohlfühlen. Hapert es dabei, nützen auch Gehalt und Boni wenig. So kündigen Mitarbeiter auch selten aus Gehaltsgründen. In einer groß angelegten US-Studie sagten fast neunzig Prozent der befragten 20000 Angestellten, Grund für ihren Jobwechsel sei nicht schlechte Bezahlung gewesen, sondern «das Gefühl, nicht ausreichend gewürdigt worden zu sein».[8]

Überraschend ist das alles nicht: Schon 1968 veröffentlichte Frederick Herzberg eine bahnbrechende Studie zur Motivationspsychologie. Titel: «Was Mitarbeiter in Schwung bringt». Auf der Basis von insgesamt zwölf Mitarbeiterbefragungen traf der BWL-Professor aus Salt Lake City eine wichtige Unterscheidung: Es gibt Faktoren, die müssen stimmen, damit Mitarbeiter «nicht unzufrieden» sind. Herzberg nannte sie «Hygienefaktoren» (in Anlehnung an Grundvoraussetzungen für Gesundheit aus medizinischer Sicht). Und dann gibt es andere Faktoren, die Mitarbeiter zu hohem Engagement veranlassen – eben «in Schwung bringen». Das sind die «Motivatoren». Zu den Hygienefaktoren zählen beispielsweise «Sicherheit», «Bezahlung», «Arbeitsbedingungen» oder «Verhältnis zu Vorgesetzten». Hapert es dabei, gibt es beispielsweise Reibereien mit dem Chef, ist die Bezahlung schlecht oder die Arbeit gefährlich, führt dies zu Unzufriedenheit. Ist all das nicht der Fall, sorgt das allein allerdings nicht für BeGEISTerung, sondern nur für ein laues «Ganz okay». Motivatoren, also echter Ansporn im Unternehmensalltag, sind: «Erfolg», «Anerkennung», «Arbeitsinhalt», «Verantwortung», «Vorwärtskommen» und «Entwicklung».[9] Erkennen Sie Runners Point, das Unternehmensbeispiel aus dem letzten Kapitel, wieder? Hier werden Erfolge gewürdigt und Perspektiven eröffnet. Und Eigenverantwortung ist ausdrücklich erwünscht.

Letztlich steckt hinter der Frage, wie man seine Crew am besten motiviert, die Frage des eigenen Menschenbildes. Sind Menschen «von Natur aus» eher träge, faul und unzuverlässig und müssen bei der Arbeit angetrieben und kontrolliert werden? Oder sind sie grundsätzlich leistungsbereit und bringen sich aktiv ein, wenn man ihnen Möglichkeiten dazu eröffnet? Der Managementforscher Douglas McGregor fasste dies einmal als «Theorie X» und «Theorie Y» zusammen. In der Theorie X müssen Mitarbeiter stetig angetrieben und autoritär geführt werden; in der Theorie Y setzt man auf Eigenverantwortung und Freiräume. Im Alltagsverständnis geht es schlicht um die Frage: Zuckerbrot oder Peitsche – was wirkt besser?

Zahlreiche Untersuchungen haben inzwischen bestätigt, dass man mit dem Zuckerbrot weiter kommt. Starre Vorgaben und Gängeleien schüchtern ein und machen unselbstständig. Wer immer gesagt bekommt, was er tun soll, macht irgendwann nur noch das, was man ihm sagt – die Erfahrung haben Sie vielleicht im Alltag auch schon gemacht. Hinzu kommt: Wer Angst hat, denkt schlechter. Wer je unter einem cholerischen Mathematiklehrer gelitten hat, weiß, dass ihm unter dieser Fuchtel oft die einfachsten Dinge nicht mehr einfallen wollten. Wieso sollte da bei Mitarbeitern die «Peitschenstrategie» besser funktionieren? Dass es immer wieder Mitarbeiter gibt, die mit ihrer Lethargie oder ihrem Anspruchsdenken förmlich dazu provozieren, Druck auf sie auszuüben, steht auf einem anderen Blatt. Da sind klare Ansagen gefragt, und es wird Fälle geben, in denen eine Trennung die beste Lösung ist. Auch in diesen schwierigen Fällen erreicht man mit autoritärem Auftreten keine wirklich guten und dauerhaften Erfolge (siehe auch Kapitel 5). Dafür bremst man mit autoritärem Gestus gleich jene mit aus, die von sich aus wollen und eher Freiraum und positive Bestärkung brauchen.

Kurz noch einmal zurück zu Herzberg. Was empfiehlt der renommierte Motivationsforscher für den Führungsalltag? Seine Tipps sind ziemlich handfest:

- «Einige Kontrollen abschaffen, aber Verantwortlichkeiten beibehalten.»
- «Die Verantwortung der Einzelnen für ihre Arbeit ausdehnen.»
- «Den Mitarbeitern eine zusammenhängende vollständige Arbeitseinheit zuteilen (einen Funktionsbereich, ein Modul, ein bestimmtes Gebiet etc.).»
- «Den Mitarbeitern mehr Befugnisse und mehr Unabhängigkeit geben.»
- «Periodische Berichte den Mitarbeitern direkt zugänglich machen und nicht nur ihren Vorgesetzen.»
- «Schwierige und neue Aufgaben einführen, die zuvor nicht Bestandteil der Tätigkeit waren.»
- «Einzelnen Mitarbeitern besondere oder spezialisierte Aufgaben geben, um ihnen zu ermöglichen, sich zu Experten zu entwickeln.»[10]

Klingt ganz schön modern, oder? Herzberg setzt eindeutig darauf, Mitarbeitern Verantwortung zu übertragen, sie in die Pflicht zu nehmen, dann aber auch machen zu lassen. Das nannte er «Job-Enrichment» – ein Begriff, den wir heute noch verwenden.

Von Anerkennung bis Zielklarheit

Neben Eigenverantwortung sind es Wertschätzung und Anerkennung, die Mitarbeiter motivieren. Interessant sind in diesem Zusammenhang die Kernkriterien, die die Forscher des renommierten Gallup-Instituts in groß angelegten internationalen Befragungen für ein produktives Arbeitsklima ermittelten. In Unternehmen, in denen «Produktivität, Gewinn, Mitarbeiterbindung und Kundenzufriedenheit» überdurchschnittlich hoch sind, beantworten Mitarbeiter unter anderem folgende drei Fragen überdurchschnittlich oft mit Ja:

1. «Habe ich in den letzten sieben Tagen für gute Arbeit Anerkennung und Lob bekommen?»
2. «Interessiert sich mein/e Vorgesetzte/r oder eine andere Person bei der Arbeit für mich als Mensch?»
3. «Gibt es bei der Arbeit jemanden, der mich in meiner Entwicklung unterstützt und fördert?»[11]

Für die eingangs zitierte «Freude» an der Arbeit und «Zufriedenheit» ist es ganz offensichtlich wichtig, dass man sich auch persönlich wahrgenommen und wertgeschätzt fühlt. Erstaunlich, dass wir für diese Erkenntnis wissenschaftlich abgesicherte Umfragen brauchen – wo der Blick in die eigene Seele doch genügt. Wer mag es schon, wenn er wie eine wandelnde Personalnummer behandelt wird? Einer der verheerendsten Sätze, die ein Chef gegenüber seinen Mitarbeitern verwenden kann, ist daher: «Hier ist jeder ersetzbar!» Rein rational mag das ja stimmen, doch Engagement wurzelt eben auch in dem Gefühl, persönlich geschätzt und gebraucht zu werden. Austauschbar, ersetzbar zu sein, demotiviert – das ginge dem Chef, der so etwas sagt, selbst auch nicht anders. Das ist auch der Kern der lange diskutierten «Survivor-Problematik», der Demotivation der «Überlebenden», nachdem eine Kündigungswelle durch das Unternehmen geschwappt ist. Anders, als viele Chefs erwarten, sind die

Verbliebenen nicht etwa froh, dass es sie nicht getroffen hat, und legen sich dankbar von nun an doppelt ins Zeug. Im Gegenteil: Vielfach kündigen sie ihrem Unternehmen die Loyalität auf, besonders dann, wenn sie den Kündigungsverlauf bei ihren Kollegen als unfair erlebt haben. Das schürt bei ihnen den Eindruck, es könnte beim nächsten Mal ja auch sie selbst treffen, was wiederum fatal für ihre Einsatzbereitschaft ist. Wer volle Leistung bringen soll, muss sich mit dem Unternehmen identifizieren, das Gefühl haben, dazuzugehören.

Übrigens, die drei anderen Kernkriterien der Gallup-Experten sind:

1. «Weiß ich, was bei der Arbeit von mir erwartet wird?»
2. «Habe ich die Materialien und Arbeitsmittel, um meine Arbeit richtig zu machen?»
3. «Habe ich bei der Arbeit jeden Tag die Gelegenheit, das zu tun, was ich am besten kann?»[12]

Punkt 2 ist einer der Herzberg'schen «Hygienefaktoren»: Wer einen Handwerker mit rostigem Werkzeug zum Kunden schickt oder einem Buchhalter eine veraltete Software zumutet, darf sich nicht wundern, wenn die Arbeitsfreude sinkt. Punkt 3 ist eine Herausforderung an die Personalauswahl, aber auch an jeden Einzelnen selbst: «Habe ich die richtigen Leute am richtigen Platz?», sollte sich jeder Chef fragen; «Was kann ich besonders gut und wo kann ich das einsetzen?» jeder Mitarbeiter (mehr dazu in Kapitel 5). Punkt 1 lenkt unsere Aufmerksamkeit auf einen letzten wichtigen Motivationsaspekt: Eigenverantwortung kann nur übernehmen, wer weiß, wohin die Reise geht. Zielklarheit und gute Kommunikation gehören deshalb zu einem motivierenden Arbeitsumfeld ebenfalls dazu.

«Hat sich das Unternehmen klare Ziele gesetzt?» «Wie gut vermitteln die Führungskräfte den Mitarbeitern ein klares Bild von der Zukunft des Unternehmens?» «Herrscht ein Klima des Vertrauens und wie gut funktioniert die interne Kommunikation?», so lauten daher zentrale Aspekte, unter denen Unternehmen im jährlichen Wettbewerb «Top Job» von einer hochkarätig besetzten Jury durchleuchtet werden. Personalexperten und Unternehmer küren hier die «besten Arbeitgeber im Mittelstand». Dafür wurden neben Führungskräften 2010 auch 14000 Mitarbeiter der teilnehmenden Firmen befragt.[13] Auch das ist wenig überraschend: Eine Crew, die nicht weiß, wohin das Unternehmensschiff steuert, kann sich kaum ins Zeug legen, um zügig ans Ziel zu kommen. Es ist daher auch im Sinne der Offiziere oben auf der Brücke, dass alle Bescheid wissen.

Fazit: Gutes Arbeitsklima, persönliche Wertschätzung, Anerkennung für das Geleistete, Eigenverantwortung und Zielklarheit sind ein gutes Rezept für hohe Motivation im Unternehmen.

Bleibt noch die für Führungskräfte enorm spannende Frage, ob alle Menschen durch dieselben Dinge zu motivieren sind oder ob es da Unterschiede gibt. Kurz gesagt: Grundsätzlich sind die genannten Motivatoren für jedermann und jede Frau relevant. Wer legt keinen Wert auf Wertschätzung? Wer hasst es nicht, gegängelt zu werden? Dennoch gibt es graduelle Unterschiede. Der eine Mitarbeiter braucht besonders viel Lob und Bestätigung; ein anderer nicht ganz so viel. Nicht alle Menschen wollen für dieselben Dinge gelobt werden. Der eine sucht fachliche Anerkennung, der andere möchte eher für seine Freundlichkeit und seine menschlichen Qualitäten gewürdigt werden. Auch was Mitarbeiter als «Gängelei» empfinden, variiert je nach Kompetenz, Naturell und Erfahrungshintergrund. Und ein sehr autoritärer Vorgänger kann dafür gesorgt haben, dass eine ganze Abteilung eher unselbstständig ist. Schließlich hängt es auch von der Lebenssituation ab, womit Sie Mitarbeiter vollends begeistern können. Kinderbetreuungsmöglichkeiten und familienfreundliche Arbeitszeiten sind für junge Mitarbeiter heute ein dicker Pluspunkt. «Familienorientierung» zählt nicht zufällig auch zu den Kriterien der «Top Job»-Jury. Angehende Azubis haben erst einmal andere Dinge im Kopf. Und ältere Mitarbeiter wissen vielleicht zu schätzen, wenn ihr Unternehmen ihnen durch gezielte Angebote hilft, gesund und fit zu bleiben. (→ www.dereiertanz.de)

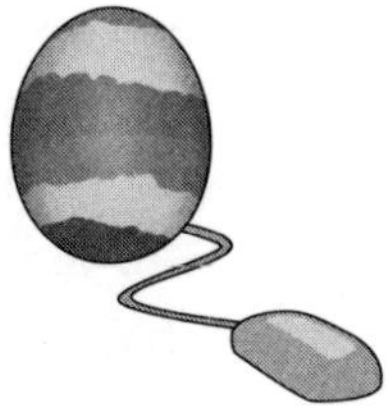

Ganz schön kompliziert, meinen Sie? Gar nicht anders als bei echter KundenBegeisterung. Hier wie da gilt die MMMM-Regel: «Man muss Menschen mögen» – eben bereit sein, genau hinzuschauen, und sich dafür auch die Zeit nehmen! Resultat dieser Haltung sind eine positive Einstellung zu den Leuten im Unternehmen und echtes Interesse an ihnen. Denn wenn Sie erreichen möchten, dass Ihre Mitarbeiter sich für Ihre Kunden wirklich ins Zeug legen, legen Sie sich am besten für Ihre Mitarbeiter ins Zeug. So bringen Sie den Geistlauf der BeGEISTerung am wirksamsten in Bewegung.

Zeit für einen erneuten Ausflug in die Unternehmenspraxis. Schauen wir uns noch ein Unternehmen an, dem es gelingt, seine Mitarbeiter zu begeistern.

Erfolgsbeispiel team baucenter Kiel: «So ward dat wat!»

Baustoffhandel und BeGEISTerung – passt das zusammen? Und ob! Das team baucenter in Kiel-Kronshagen ist der lebende Beweis dafür. Das Baucenter zählt mit neunzehn weiteren Baustoffhandlungen zur team AG, die mit knapp tausend Mitarbeitern einen Jahresumsatz von über einer Milliarde Euro verbucht. Die team Gruppe umfasst auch team hallenbau, team mineralöle und team versicherungsmakler. KundenBegeisterung wird in Kiel großgeschrieben. Ein großer Musterpark, in dem Privat- wie Unternehmerkunden sich ein umfassendes Bild vom Angebot machen können, ist 365 Tage im Jahr rund um die Uhr geöffnet. Welcher Baustoff wie einzusetzen ist, erschließt sich durch die Art der Präsentation auch Laien. Individuelle Beratung ist selbstverständlich; kundenfreundliches Auftreten wird von den Mitarbeitern gezielt trainiert. Gemeinsam mit der Geschäftsleitung entwickelte das Kieler Team weitere Maßnahmen, die Kunden sehr zu schätzen wissen – etwa den festen Ansprechpartner über die gesamte Bauzeit, Festpreisgarantien bis zum Bauende, ein unbürokratisches Reklamationsmanagement, das den Kundenberatern weitgehende Entscheidungsbefugnisse einräumt.

Ein solcher Premiumservice funktioniert nur mit engagierten Mitarbeitern, weiß Geschäftsführer Detlef Jahnke, zugleich einer der sechs Geschäftsführer der insgesamt neunzehn Standorte. In einem hart umkämpften Markt schreibt das Kieler Center so gute Zahlen, dass sich Detlef Jahnke 2009 für ein exzellentes Jahresergebnis mit einer ganzen «Wow-Woche» (Wohlfühlwoche) revanchierte. «Ich möchte, dass alle vom Lagermitarbeiter bis zur Reinemachefrau etwas vom Erfolg haben, nicht nur der Verkauf», so Detlef Jahnke, denn: «Es ist wie im Fußball. Bei der WM gewinnt auch nicht der Einzelspieler, es gewinnt das beste Kollektiv.» In der Wow-Woche gab es jeden Tag für jeden Mitarbeiter etwas Besonderes, norwegisches Mineralwasser beispielsweise, das einen langen Weg durch filterndes Gestein hinter sich hatte, einen Pizza-Abend, einen Grillkoffer zum Frühlingsanfang und am Ende einen hochwertigen, ergonomisch gestalteten Bürostuhl. Warum ein solcher Aufwand? «Ich bin der Auffassung, dass man sich in der Firma, wo man sich mindestens acht Stunden am Tag aufhält, wohlfühlen sollte», betont Detlef Jahnke. Dazu zählten auch gutes Arbeitsgerät, ein ordentlicher Schreibtisch, freundlich gestrichene Wände. Der besondere Geist im Baucenter wird auch deutlich, wenn der Leiter sagt: «Es ist nicht schön, wenn der Geschäftsführer ein teures Auto fährt, und der Gabelstaplerfahrer packt die Paletten noch per Hand.»

Eine Insel der Seligen also? Auch hier läuft nicht immer alles reibungslos. Er könne sich nicht vorstellen, dass ein Betrieb mit fünfzig Mitarbeitern jahrelang so laufe, dass man keine einzige Abmahnung aussprechen müsse, sagt Detlef Jahnke. Versäumnisse gebe es überall mal, und wer gegen die Spielregeln verstoße, dem müsse man die Gelbe oder die Rote Karte zeigen. «Team» steht für Gemeinschaftsgeist und eben auch für «totales Engagement aller Mitarbeiter». Wenn jemand nicht mitzieht, sorgen häufig schon die Mitarbeiter selbst dafür, dass sich das ändert. Sind Trennungen unvermeidlich, werden sie möglichst fair gehandhabt: Wenn etwa ein Auszubildender seinen Jahresvertrag im Anschluss an die Lehre aus Leistungsgründen nicht verlängert bekommen wird, erfährt er das mindestens vier Monate vorher, damit er sich neu orientieren kann. Dabei unterstützt ihn das Unternehmen, indem Kontakte genutzt und Empfehlungen ausgesprochen werden.

Im team baucenter Kiel setzt man auf flache Hierarchien und ein hohes Maß an Eigenverantwortung. Was zählt, sind gute Ergebnisse, nicht starre Vorgaben. Nach dem Geist des Unternehmens befragt, nennt Detlef Jahnke «ein sehr freies, autarkes Arbeiten» und dass es «sehr persönlich, sehr menschlich und auch sehr harmonisch» zugehe. «Natürlich gebe ich Leitplanken vor, aber gefahren wird die Straße von den Mitarbeitern selbst.» Man pflegt gute Kontakte, auch zu Lieferanten und Aktionären. Wer sich auf der Aktionärsversammlung zu Wort meldet, wird ganz selbstverständlich vom Vorstand, Herrn Iwer Jensen, mit Namen angesprochen. Jeder Mitarbeiter kann den Vorstandsvorsitzenden anrufen, und umgekehrt meldet der sich auch direkt bei den Mitarbeitern, etwa mit einem Geburtstagsanruf. Die gesamte Führungsebene hat ein offenes Ohr, auch für die privaten Sorgen und Nöte seiner Mitarbeiter: «Es ist unser Wille, viel mit den Mitarbeitern zu sprechen.» Und so sehr der Geschäftsführer E-Mail und SMS für kurze Abstimmungen schätzt: «Das persönliche Gespräch ist das eigentlich Wichtige.»

Außer in Gestaltungsfreiräumen drückt sich der Anspruch, Mitarbeiter zu begeistern, in einer ganzen Reihe von Aktionen und Maßnahmen aus. Nicht nur die Kunden, sondern auch die Mitarbeiter erhalten Frühjahrs- und Herbstgrüße. Zum Geburtstag, aber auch zur Geburt eines Kindes, zur Heirat oder Silberhochzeit und zu runden Betriebsjubiläen gibt es Briefe und Geschenke. Weihnachten wird jeder Mitarbeiter der team AG mit einem Geschenk bedacht. Zuletzt gab es für alle, ob Führungskraft oder Lagerist, ein Gläserset von Villeroy & Boch – auch dies ist Ausdruck des kollegialen Geistes, der hier herrscht. Die team AG organisiert Sommerfeste, Fußball- und Boßelturniere und ein Sportprogramm. Ähnlich wie das Projekt «KundenBegeisterung» schiebt man auch das Projekt «MitarbeiterBegeisterung» im Baucenter Kiel gemeinsam an und diskutiert in AGs zu Themen wie «Flache Hierarchien: Vorstand/Geschäftsführung zum Anfassen», «Mitarbeiterbefragung» oder «Freiheiten für Mitarbeiter», wie das Miteinander weiter verbessert werden kann. Detlef Jahnke veranstaltet einen Familientag für die Mitarbeiter in Kiel und hat im WM-Jahr 2010 extra einen neuen Fernseher angeschafft, damit die Fußballfans die Spiele in Südafrika auch tagsüber mitverfolgen können.

Zu Jahresbeginn erhält jeder Mitarbeiter von Detlef Jahnke einen individuellen Jahresbrief, in dem er auch über Umsatzzahlen und -ziele und die künftige Strategie des Unternehmens informiert wird. Für den Baucenterleiter ist es ganz selbstverständlich, nicht nur die wirtschaftliche Jahresplanung zu erstellen, sondern gleichzeitig auch die Vorhaben in Sachen Kunden- und MitarbeiterBegeisterung systematisch zu planen. Lohnt sich der Aufwand? Detlef Jahnke ist davon überzeugt: «Mit einem guten Geist bekommt man auch viel von den Mitarbeitern zurück!» Das exzellente wirtschaftliche Ergebnis des team baucenter Kiel gibt ihm recht.

Welcher Geist herrscht in Ihrem Unternehmen?

Wenn Sie an Runners Point oder das team baucenter Kiel denken, werden Sie mir zustimmen: Mitarbeiter, die sich so ins Zeug legen, sind im wahrsten Sinne des Wortes «begeistert». Nüchterne Naturen würden wahrscheinlich lieber sagen: Sie sind «hoch motiviert». Doch BeGEISTerung ist mehr. Wenn Sie dabei an leuchtende Augen denken, liegen Sie schon ganz richtig: Im Wort «BeGEISTerung» steckt «Geist», und dessen altgermanische Wurzel bedeutete ursprünglich «Ergriffenheit, Aufgebrachtheit, Erregung». Im Mittelalter übersetzte man mit dem Wort «Geist» auch das lateinische «spiritus» (etwa bei «Heiliger Geist»). In BeGEISTerung steckt emotionaler Überschwang einerseits und eine übergeordnete Inspirationsquelle andererseits. BeGEISTerung ist ein Turboerlebnis, ein Hochgefühl. Jeder von uns kennt echte Begeisterungsmomente, etwa wenn wir ein tolles Essen genießen, das neue Auto das erste Mal fahren oder beim Wandern endlich den Gipfel erreicht haben und den Blick über das sonnige Tal unter uns schweifen lassen.

MitarbeiterBegeisterung bedeutet, möglichst viel von diesem «Wow-Gefühl» in den Alltag zu bringen. Das ist eine Herausforderung, denn wir alle wissen: Auch die schönsten Begeisterungsmomente vergehen irgendwann, und wir gewöhnen uns schnell an Dinge, die uns anfangs noch begeistert haben. Selbst das lang ersehnte neue Auto wird irgendwann zur Selbstverständlichkeit. Aus dieser Gewohnheitsfalle führt der Geistlauf. Denn MitarbeiterBegeisterung braucht beides: einerseits das kleine Highlight im Alltag, andererseits und vor allem das große Ganze, den inspirierenden Geist. Konkret heißt das: Bieten Sie Ihren Mitarbeitern «Wow-Momente», überraschen Sie sie gelegentlich – doch beschränken Sie sich nicht darauf.

Es ist toll, wenn ein Chef wie Detlef Jahnke pünktlich zur Fußball-Weltmeisterschaft für einen neuen Fernseher mit großem Flachbildschirm sorgt. Es wärmt das Herz, wenn alle Mitarbeiter zum Frühlingsanfang überraschend einen kleinen Frühlingsstrauß auf dem Schreibtisch vorfinden. Es wird Ihre Mitarbeiter begeistern, wenn der Chef ihnen mit einem Reiseführer vom Urlaubsort am letzten Arbeitstag eine tolle Zeit wünscht. Doch solche Momente verpuffen schneller, als man denkt. Im nächsten Jahr heißt es dann womöglich: «Was schon wieder ein Reiseführer?!» Eiertanz lässt grüßen! Wenn Sie Kinder haben, kennen Sie das Phänomen – das erste Mitbringsel von der Geschäftsreise wird noch begeistert aufgenommen; beim zweiten ist die Überraschung schon nicht mehr ganz so groß; spätestens beim dritten heißt es: «Ja, danke, pack ich nachher aus. Muss gerade noch GZSZ zu Ende gucken.»

Für eine dauerhafte, «stille» BeGEISTerung sorgt ein gelebter Geist im Unternehmen, der Mitarbeiter und Führungskräfte zusammenschweißt, Orientierung gibt und das tägliche Miteinander positiv prägt. Bei Senger Gebäudetechnik (Seite 169) ist es der «Premiumklasse»-Geist, der von sehr gutem Werkzeug und gepflegten Firmenfahrzeugen über eine erstklassige Aus- und Fortbil-

Die zwei Quellen der MitarbeiterBegeisterung

Geist im Unternehmen/Begeisterungsmomente

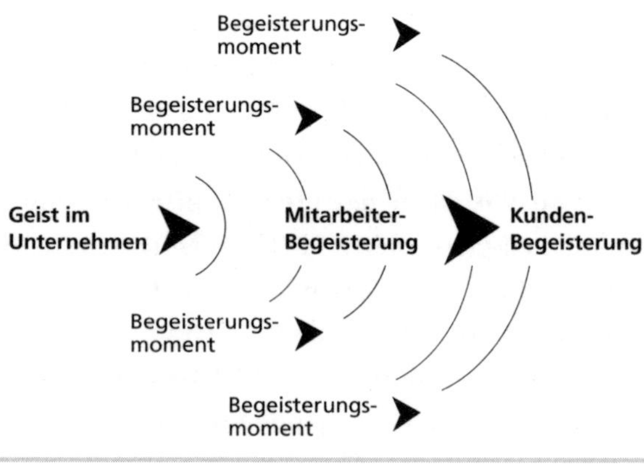

dung bis zu absoluter Zuverlässigkeit und Spitzenqualität im Kundenservice reicht und auch im Verhalten gegenüber den Kollegen Zuverlässigkeit voraussetzt. Bei Runners Point ist es der «Sportsgeist» im doppelten Wortsinne, der die BeGEISTerung fürs Laufen und Werte wie Fairness, Kollegialität, ambitionierte Ziele zur gelebten Alltagsphilosophie macht. MitarbeiterBegeisterung speist sich also aus zwei Quellen: Ein motivierender Geist ist wie der stetige Wind, der das Unternehmensschiff dauerhaft voranbringt. Begeisterungsmomente sind die frischen Windstöße, die ihm zusätzlich Schub geben und auch mal aus einer Flaute heraushelfen können.

Fragebogen: Wie begeistert sind Ihre Mitarbeiter?

Vielleicht gehören Sie zu den Lesern, die bis hierher die eine oder andere Anregung mitgenommen haben, aber im Grunde denken: «Bei uns läuft es doch eigentlich ganz gut!» Herzlichen Glückwunsch! Nur: Was heißt «eigentlich»? Regt sich da etwa leiser Zweifel? Erfahrungsgemäß schätzen Vorgesetzte die Situation im eigenen Verantwortungsbereich oft positiver ein als ihre Mitarbeiter. Fragt man Chefs, ist die Stimmung prima, fragt man ihre Leute, runzeln diese die Stirn. Professor Walter Bungard vom Lehrstuhl für Wirtschafts- und Organisationspsychologie der Universität Mannheim hat Selbsteinschätzungen von Vorgesetzten mit Einschätzungen ihrer Mitarbeiter verglichen. Danach halten sich beispielsweise nur 29 Prozent der Chefs für autoritär, aber 70 Prozent der Mitarbeiter schätzen ihren Vorgesetzten als autoritär ein. «Den Mitarbeitern werden ihre Aufgaben/Ziele sorgfältig erläutert», sagen 75 Prozent der Chefs, doch nur 50 Prozent der Mitarbeiter. Und eine «Entscheidungsbeteiligung der Mitarbeiter an Vorgesetztenentscheidungen» sehen gar nur 7 Prozent der Mitarbeiter, aber 79 Prozent der Chefs.[14] Dass jeder bei einer solchen Befragung die Welt durch die eigene Brille sieht, sei dahingestellt. Dennoch wiegt sich mancher Chef in Sicherheit, solange die Kunden nicht in Scharen ausbleiben und die Mitarbeiter nicht meutern. Und echte BeGEISTerung für das Unternehmen ist etwas anderes als Ruhe im Karton oder laue Gleichgültigkeit. Woran erkennen Sie MitarbeiterBegeisterung? Hier ein paar untrügliche Indizien:

Wie begeistert sind Ihre Mitarbeiter?

Woran erkennen Sie echte BeGEISTerung? Einige Indizien:

Begeisterte Mitarbeiter sagen «wir» oder «wir bei ...», wenn sie von ihrem Unternehmen sprechen. ☐	Weniger begeisterte Mitarbeiter sagen «die» oder schlimmer noch: «die da oben». ☐
Begeisterte Mitarbeiter empfehlen Verwandten und Freunden, sich bei ihrem Unternehmen zu bewerben. ☐	Weniger begeisterte Mitarbeiter raten Verwandten oder Freunden eher von einer Bewerbung im Unternehmen ab. ☐
Begeisterte Mitarbeiter strahlen Energie aus und packen die Dinge an. ☐	Weniger begeisterte Mitarbeiter warten erst mal ab, ob das wirklich nötig ist. ☐
Begeisterte Mitarbeiter stehen loyal zum Unternehmen. ☐	Weniger begeisterte Mitarbeiter beklagen sich gerne bei Dritten über ihre Arbeit. ☐
Begeisterte Mitarbeiter engagieren sich auch über ihre Stellenbeschreibung hinaus. ☐	Weniger begeisterte Mitarbeiter prüfen, ob sie zuständig sind. ☐
Begeisterte Mitarbeiter fragen: «Was nützt dem Unternehmen?» ☐	Weniger begeisterte Mitarbeiter fragen öfter: «Und was hab ich davon?» ☐
Begeisterte Mitarbeiter mögen ihre Arbeit. ☐	Weniger begeisterte Mitarbeiter verlassen pünktlich um fünf fluchtartig das Haus. ☐
Begeisterte Mitarbeiter sind guter Stimmung – jedenfalls sehr oft. Wo der Geistlauf klappt, wird gern gelacht. ☐	Weniger begeisterte Mitarbeiter wirken gedämpft oder sogar lustlos (außer am Freitagnachmittag). ☐

Begeisterte Mitarbeiter fehlen selten und bleiben dem Unternehmen treu. ☐	Bei weniger begeisterten Mitarbeitern erhöhen sich Krankenstand und Fluktuation. ☐
Begeisterte Mitarbeiter entwickeln Ideen und machen Verbesserungsvorschläge. ☐	Weniger begeisterte Mitarbeiter lassen die Dinge laufen. ☐
Begeisterte Mitarbeiter identifizieren sich mit dem Unternehmen. ☐	Weniger begeisterte Mitarbeiter distanzieren sich vom Unternehmen. ☐
Begeisterte Mitarbeiter geben ihr Bestes. ☐	Weniger begeisterte Mitarbeiter geben so viel, wie nötig ist. ☐
Begeisterte Mitarbeiter legen sich für ihre Kunden wirklich ins Zeug. ☐	Weniger begeisterte Mitarbeiter finden, sie tun genug – auch wenn die Kunden das nicht finden. ☐

Je öfter Sie ein Kreuz in der linken Spalte gemacht haben, desto öfter steht das Begeisterungsbarometer in Ihrem Unternehmen auf Sonne. Steht es eher auf «wechselhaft» oder sogar auf «Regen», wird es Zeit für Basisarbeit in Sachen Unternehmensgeist. Doch über Begeisterungsmomente und tolle Einzelaktionen in Sachen Mitarbeiterbindung nachzudenken, lohnt sich erst, wenn das Fundament gelegt ist.

Die fünf Säulen einer Begeisterungskultur

«Die» Begeisterungskultur gibt es ebenso wenig, wie es «das» Unternehmen gibt. Jedes Unternehmen ist eine eigene kleine Welt mit eigenen Spielregeln, geschriebenen und ungeschriebenen Gesetzen, individuellen Besonderheiten. Eine Begeisterungskultur im traditionellen schwäbischen Familienunternehmen, das in fünfter Generation geführt wird, sieht anders aus als eine Begeisterungskultur in einem jungen großstädtischen IT-Unternehmen, in dem sich die iPod-Generation austobt. Auf der Website von STRUPAT.Kundenbegeisterung! (www.begeisterung.de) werden Sie daher keinen Baukasten für den ultimativen Geist finden, der Mitarbeiter und Kunden begeistert. Diesen Geist muss jedes Unternehmen für sich selber finden, und dabei spielen unweigerlich Branche und Geschäftsfeld, der Menschenschlag, der dort arbeitet (Region, Ausbildungshintergrund etc.), Führungspersonal und Eigentümerpersönlichkeit eine Rolle.

Was passiert, wenn man versucht, einen Geist von oben aufzupfropfen, konnte das US-Unternehmen Walmart in Deutschland erleben. Walmart importierte Methoden der Mitarbeiterführung, die in den USA funktionierten, und erlitt krachend Schiffbruch. Mitarbeiter hierzulande wollten morgens keine Firmenhymnen singen oder zu gemeinsamen Appellen antreten. Was Gemeinschaftsgefühl stiften sollte, wurde zum ungeliebten Motivationsritual, vor dem mancher Mitarbeiter lieber auf die Toilette flüchtete. Und auch die Kunden waren von der amerikanischen Strategie – beispielsweise «Begrüßer» am Supermarkteingang und Hilfe beim Tütenpacken an der Kasse – eher befremdet als begeistert.

Ein Unternehmensgeist kann wesentlich auf Sportsgeist gründen wie bei Runners Point, er kann sich aus handwerklichen Premiumleistungen speisen wie bei Senger oder auf formvollendeter Gastlichkeit und klassischer Höflichkeit basieren wie bei der internationalen Hotelkette Ritz-Carlton, deren Unternehmensmotto lautet: «We are ladies and gentlemen serving ladies and gentlemen.» Doch jenseits solcher Unterschiede gibt es grundlegende Gemeinsamkeiten, die für einen begeisternden Geist unabdingbar sind – die fünf Säulen jeder Begeisterungskultur.

1. Eindeutigkeit

Ein begeisternder Geist ist klar und eindeutig, nur dann taugt er als Richtschnur für tägliches Handeln. Jeder im Unternehmen weiß, wofür es steht und worauf es ankommt. Man könnte auch von «Werteklarheit» sprechen. Ein schönes Beispiel für diese Eindeutigkeit und ihre Wirkung geben Anja Förster und Peter Kreuz in ihrem Buch «Spuren statt Staub»: Anlässlich eines Vortrages bei Porsche Leipzig baten sie einen vorbeikommenden Handwerker um einen Bierdeckel, denn ihr Stehtisch wackelte bedenklich. Der Handwerker verschwand wortlos, um nach einer halben Minute mit einem Inbusschlüssel zurückzukehren. Mithilfe einer provisorischen Wasserwaage (einem Wasserglas mit Eichstrich) justierte er den Tisch millimetergenau. Seine knappe Erwiderung auf das herzliche Dankeschön: «Wir bei Porsche arbeiten nicht mit Bierdeckeln!»[15]

Wenn die Unternehmenswerte (etwa höchste Qualität und absolute Präzision) jedem klar sind, braucht man keine ellenlangen To-do-Listen, die ohnehin nie alle Einzelsituationen erfassen können. Was passieren muss, ist dann «klar». Jeder weiß, was zum Unternehmen «passt» und was nicht. «Das passt zu uns» / «Das passt nicht zu uns» – diese Formulierung zieht sich nicht zufällig wie ein roter Faden durch alle Gespräche, die ich im Vorfeld dieses Buches mit meinen Kunden geführt habe. Ein Bierdeckelprovisorium passt nicht zu Porsche, altes Werkzeug passt nicht zu einem Premiumunternehmen wie Senger; wer Sport schon in der Schule gehasst hat, passt nicht zu Runners Point. Der Unternehmensgeist ist ein guter Kompass im Unternehmensalltag.

2. Transparenz/Offenheit

Ein begeisternder Geist lebt davon, dass alle Bescheid wissen. Zahlen und Ziele sind jedermann bekannt; Geheimniskrämerei darüber, wie es um das Unternehmen steht, ist zu Recht verpönt. Für Peter Wehrmann, dessen EDEKA-Märkte als «Top Job»-Unternehmen preisgekrönt wurden (Seite 93), ist völlig selbstverständlich, dass die Mitarbeiter seiner Lebensmittelmärkte Abteilungsumsätze und -ergebnisse, Kostenstrukturen und die Umsatzentwicklung im ganzen Unternehmen kennen. Beim team baucenter Kiel sind die Jahres- und Monatsziele und die aktuellen Ist-Zahlen jedem Mitarbeiter bekannt. Die Synaxon AG lebt das Prinzip der Transparenz noch radikaler: Über ein Unternehmens-Wiki (also eine gemeinsame Textdatenbank, an der alle mitarbeiten können) sind nahezu alle Unternehmensinformationen für alle Mitarbeiter des IT-Unternehmens einsehbar, darunter alle Projekte und strategischen Geschäftspläne. Jeder kann ohne weitere Freigabe alles ändern, auch Prozessbeschreibungen oder Unternehmensregeln. In knapp vier Jahren gab es dabei keinen einzigen Missbrauchsfall, dafür eine Menge Vorteile, berichtet der Vorstandsvorsitzende Frank Roebers. Dazu zählen ein deutlich besserer Informationsstand aller, eine Entlastung der Führungskräfte und eine höhere Beteiligung der Mitarbeiter bei Innovationen.[16]

Auch jenseits der Zahlen legen Unternehmen mit Begeisterungskultur Wert auf Offenheit und klare Worte. Neue Mitarbeiter sollen wissen, was sie erwartet; entsprechend werden Vorstellungsgespräche geführt. Wenn die Dinge im Alltag nicht so laufen, wie sie sollen, wird dies kommuniziert, und zwar nicht erst Monate später im Jahresgespräch. Lob und Anerkennung sind wichtig und werden großzügig gespendet. Aber auch Abmahnungen sind kein Tabu – wenn jemand die Spielregeln verletzt, gibt es Gelbe und Rote Karten. Transparenz also auch für jeden einzelnen Mitarbeiter, der wissen soll, wo er ganz persönlich steht. Diese Politik des offenen Visiers unterscheidet sich radikal von der Misstrauenskultur der Unternehmen, die in den letzten Jahren negative Schlagzeilen machten, weil sie ihre Mitarbeiter bespitzeln und überwachen ließen. Damit hier wieder begeistert (oder wenigstens motiviert) mitgearbeitet wird, dürfte einiges passieren müssen.

3. Ehrgeiz

Unternehmen mit Begeisterungskultur wollen besser sein als andere; mit Mittelmaß geben sie sich nicht zufrieden. Die Personalphilosophie von Runners Point – «Weil die Besten zu den Besten gehören»[17] – ist hier nur ein Beispiel von vielen. Dahinter steckt mehr als Marktkalkül. Natürlich ist man gut beraten, für wirtschaftlichen Erfolg heute auf Bestleistungen zu setzen, ob im Handwerk, im Einzelhandel oder in der Produktion. Doch hinter einem ambitionierten Selbstverständnis steckt auch die Überzeugung, dass Leistung Spaß machen kann und dass MitarbeiterBegeisterung nicht durch lauwarme Durchschnittlichkeit ausgelöst wird. «Wir wollen ziemlich gut sein» – damit locken Sie niemanden hinter dem Ofen hervor. «Wir sind die Besten im ganzen Kreis!» oder «Unsere Produkte sind Kult!», das kann begeistern. Dieser hohe Qualitätsanspruch zieht sich wie ein roter Faden durch alle Unternehmensbereiche – ob es topgepflegte Firmenfahrzeuge, moderne Arbeitsmittel, ergonomische Bürostühle sind oder ein exzellenter Kundenservice, originelle Aktionsideen und stetige Verbesserung der Angebote. Und ehe wir uns missverstehen: Unter «Ehrgeiz» verstehen begeisterte und begeisternde Unternehmen eben nicht, unerreichbar hohe Ziele zu diktieren – in der Hoffnung, dass die Mitarbeiter unter dieser Knute dann wenigstens ein Drittel des Geforderten erreichen werden –, sondern beharrliche gemeinsame Anstrengungen, stetig noch besser zu werden.

4. Ständiger Austausch / Kommunikation

In einer Begeisterungskultur wird viel kommuniziert – der gegenseitige Austausch wird wichtig genommen. Da Menschen soziale Wesen sind, ist Grabesstille in einem Unternehmen, das BeGEISTerung lebt, auch schwer vorstellbar. Und den Unterschied zwischen einer hoch konzentrierten Stille und gedrücktem Schweigen erkennen wir alle intuitiv. «Es kann jeder zu mir kommen», das ist den Führungskräften dieser Unternehmen ganz wichtig. Das beginnt bei einer Politik der offenen Tür und endet beim direkten Kontakt zum Vorstand, der auch einfachen Mitarbeitern möglich ist. Mitarbeiter erfahren so, dass ihre Meinung gefragt ist und dass sie mit Ideen und Vorschlägen aktiv zum Erfolg des Unternehmens beitragen können. Regelmäßige Mitarbeitergespräche und Team-Meetings sind selbstverständlich. Und auch der informelle Austausch unter den Mitarbeitern ist gewünscht und wird gefördert – durch ansprechende Aufenthalts- oder Kantinenräume, durch den Kicker für die Mittagspause, durch Sportangebote usw. Das Gegenmodell sind Chefs, die meinen, im Unternehmen solle «nicht zu viel

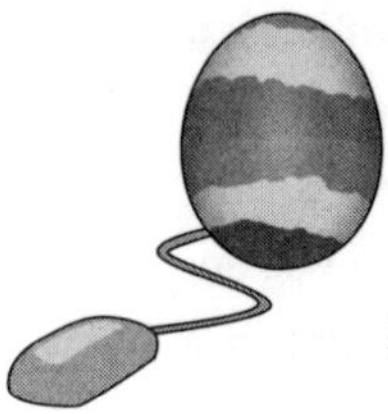

gequatscht werden», und die die Auffassung vertreten: «Die Leute sollen ihre Arbeit tun, und damit basta!» Wer so redet, verkennt, dass an jedem Paar Hände, das er angestellt hat, auch noch ein ganzer Mensch hängt. (→ www.dereiertanz.de)

5. Wir-Gefühl

Begeisternde Chefs stellen nicht einfach einen Tischler, Verkäufer, Software-Entwickler ein, sondern wollen Menschen für ihre Sache gewinnen. Sie bieten ihren Mitarbeitern daher gezielt Möglichkeiten, sich zum Unternehmen zugehörig zu fühlen. Ein solches Wir-Gefühl entsteht durch fairen Umgang miteinander und Gestaltungsmöglichkeiten im Unternehmensalltag, darüber hinaus aber auch durch gemeinsame Aktivitäten jenseits der Arbeit. Das westfälische Motto «Feste arbeiten und Feste feiern» wird in vielen Unternehmen gelebt, die auf BeGEISTerung setzen. Die KBS-Spritztechnik beispielsweise, einer der Sieger im «Top Job»-Wettbewerb 2010, setzt auf Wandertage, gemeinsame Kochabende, Bike-Marathons oder Motorradrennen. Beim «Arbeitgeber des Jahres» unter den Unternehmen bis fünfzig Mitarbeiter kommt ausdrücklich «auch der Spaß nicht zu kurz». Beim IT-Dienstleister Klages & Partner (22 Beschäftigte) sorgt unter anderem ein gemeinsames «Freitagsfrühstück», für das reihum einer der Mitarbeiter zuständig ist, für mehr Zusammenhalt. Und die Compeople AG, ein Frankfurter IT-Unternehmen mit 104 Angestellten und Wettbewerbssieger in der Klasse bis 300 Mitarbeiter, ruft ihre Leute regelmäßig zu «Compeople Days» und einmal jährlich zum «Code-Camp» zusammen. Dort tauschen sich die Mitarbeiter eine ganze Woche über innovative Technologien aus.[18] So unterschiedlich die Veranstaltungen sind – vom Schützenfest (Senger) bis zum IT-Camp (Compeople) –, die Idee ist dieselbe: Gemeinsame Erlebnisse stiften Zusammenhalt, verbessern die Zusammenarbeit und zeigen jedem Mitarbeiter: Du bist wichtig für das Unternehmen. Dazu passt auch, dass man sich in vielen Unternehmen mit Begeisterungskultur duzt, auch über Hierarchiestufen hinweg.

«Geistreiche» Unternehmen entscheiden sich also sehr bewusst, wie sie als Unternehmen sein wollen und wofür sie stehen. «Geistlose» Unternehmen pflegen nicht selten überkommene Routinen und Einstellungen zur Arbeitswelt. In einer Zeit, in der die meisten Menschen gut ausgebildet und zu Selbstständigkeit und zum kritischen Geist erzogen sind und von ihrer Arbeit mehr erwarten als das Gehalt am Monatsende, kommt man damit nicht mehr weit. Im Überblick:

«Geistreiche» Unternehmen …	**«Geistlose» Unternehmen …**
… trauen ihren Mitarbeitern etwas zu	… trauen ihren Mitarbeitern nicht über den Weg
… fördern internen Austausch und Kommunikation	… haben Angst, dass «zu viel gequatscht» wird
… arbeiten feste und feiern Feste	… handeln nach der Devise «Dienst ist Dienst und Schnaps ist Schnaps»
… informieren möglichst umfassend (Transparenz)	… glauben, Wissen sei Macht (Ungewissheit)
… haben klare Unternehmensziele, die jeder kennt	… meinen, Ziele seien Chefsache

«Geistreiche» Unternehmen …	«Geistlose» Unternehmen …
… wollen gemeinsam etwas bewegen und das Unternehmen auf Erfolgskurs halten	… wollen Gewinne maximieren und Kosten drücken
… wollen ihre Kunden glücklich machen	… wollen Abläufe optimieren
… nehmen das Klima im Unternehmen wichtig	… halten Klima als etwas für Weicheier

Eiertanz: Mitarbeiter, die ihre Chefs begeistern, und die Macht der Gewohnheit

Man gewöhnt sich an alles, weiß der Volksmund. Das gilt leider auch für die guten Dinge im Leben. Die Folge: Begeisterungsfaktoren nutzen sich ab. «Irgendwann wird alles zur Selbstverständlichkeit, das dreizehnte Monatsgehalt, das Nikolausgeschenk, das tolle Weihnachtsfest», sagt Detlef Jahnke vom team baucenter Kiel, und: «Es ist manchmal schon frustrierend, wenn nach fünf Jahren nur noch ein, zwei Mitarbeiter Danke sagen.» Ähnliches höre ich von vielen Chefs, die sich für ihre Mitarbeiter ins Zeug legen. Da organisiert man ein schönes Fest für alle, und es erscheint nur noch die Hälfte. Die typische Reaktion vieler Vorgesetzter: «Dann mache ich eben gar nichts mehr!» Das ist so verständlich wie falsch, denn damit bestrafen Sie genau die Falschen – die, die sich über das Fest gefreut haben! Detlef Jahnke, Vater dreier Töchter, vergleicht die Situation einer Führungskraft mit der in der Familie: «Nur weil ich dort die Rückkoppelung manchmal nicht mehr bekomme, höre ich ja nicht auf zu geben.»

MitarbeiterBegeisterung, das sei ja «wie Marathonlaufen ohne Ankommen», stellte eine Führungskraft in einem Coaching einmal erschrocken fest. Stimmt! Wie KundenBegeisterung ist auch MitarbeiterBegeisterung ein Dauerprojekt, das Sie nicht einfach am Soundsovielten als «erledigt» mit einem erleichterten Seufzer zu den Akten legen können. Wenn Sie davon träumen, sich irgendwann wieder ganz auf Ihre «eigentlichen» Aufgaben zu konzentrieren, muss ich Sie enttäuschen. MitarbeiterBegeisterung ist eine dieser Aufgaben! Und um auf den Marathonlauf zurückzukommen: Ich bin mir sicher, jeder, der eine solche Leistung vollbringt, liebt das Laufen an sich.

Dennoch liegt es nahe, kurz mal die andere Seite der Medaille zu betrachten. Chefs müssen sich zweifellos die Frage gefallen lassen, was sie tun, um ihre Mitarbeiter zu begeistern. Doch umgekehrt sollte sich jeder Mitarbeiter fragen: Was tue ich, um meinen Chef zu begeistern? Wann habe ich meinen Chef das letzte Mal ungewöhnlich überrascht und positiv verblüfft? Als Coach und Berater bin ich in vielen Unternehmen unterwegs und habe die Erfahrung gemacht, dass es kaum Mitarbeiter gibt, die sich freuen: «Ich werde genug gelobt!» oder «Ich werde genug informiert!» – und das selbst bei einer exzellenten Feedback-Kultur und ständiger Zugänglichkeit aller wesentlichen Unternehmensdaten und -ziele. Stattdessen wird gerne gejammert über alles Mögliche, was nicht klappt oder nicht so gut ist, wie man es gerne hätte.

In meinen Workshops vor Ort in den Unternehmen sensibilisiere ich Mitarbeiter auch dafür, dass sie selbst den Geist im Unternehmen aktiv mitgestalten können und Einfluss darauf haben, wie ihr Chef ihnen begegnet. Dazu gehören simpel klingende, doch fundamentale Erkenntnisse wie:

- Informationen sind auch Holschuld!
- Chefs sind auch Menschen und freuen sich über ein Dankeschön oder ein Lob!
- Konkrete Verbesserungsvorschläge bringen weiter als folgenloses Kritisieren!

- Problemlöser sind gefragt, Jammerer sind anstrengend.
- Wer Gestaltungsfreiräume einklagt, sollte auch bereit sein, selbst Verantwortung zu übernehmen.

Der im letzten Kapitel entwickelte Geistlauf ist ein Kreislauf, der Chefs, Mitarbeiter und Kunden vereint. Das bedeutet: Auch Mitarbeiter können aktiv dafür sorgen, dass die Erfolgsspirale der BeGEISTerung an Fahrt gewinnt! Unglücklicherweise ist in unserer Gesellschaft das Opferdenken weit verbreitet. Man beklagt sich gerne und weist lieber mit dem Finger auf andere, statt sich zu fragen: «Was kann ich selbst tun?» Und so sind die Politiker schuld an der hohen Arbeitslosigkeit, die Industrie ist schuld am Klimawandel, die Chinesen sind schuld an Absatzproblemen mancher Unternehmen, und der Chef ist schuld, wenn es einem am Arbeitsplatz nicht gefällt. Dieses Denkmuster lernen viele Menschen schon von klein auf. Da ist der Sandkastenkumpel verantwortlich, wenn man ganz schmutzig nach Hause kommt, und der unfähige Englischlehrer hat die schlechte Note auf dem Gewissen.

Das Fatale: Wer jammert, handelt nicht. Und jammern allein bringt einen keinen Deut weiter. Menschen, die sich von dieser unproduktiven Haltung befreien – oder sie nie geteilt haben –, sind im Leben eindeutig im Vorteil. Sie nehmen die Dinge selbst in die Hand und bringen viel mehr in Bewegung. Mein Freund und Trainerkollege Ardeschyr Hagmaier hat das auf eine schöne Formel gebracht. Jeder kann sich entscheiden, was er sein will im Leben: Ente oder Adler? Enten lieben es, laut schnatternd Probleme zu beklagen. Adler dagegen schwingen sich in die Vogelperspektive und suchen nach Lösungen. Deswegen heißt Adys Bestseller «Ente oder Adler» im Untertitel auch «Vom Problemsucher zum Lösungsfinder».[19]

Beim Verhalten gegenüber dem eigenen Chef ist es besonders verführerisch, in die Entenrolle zu schlüpfen. Denn mit der Führungsrolle verbinden viele Menschen traditionell den Anspruch der

Überlegenheit – vielleicht, weil es dann leichter zu verkraften ist, dass ein anderer einem vor-gesetzt ist. Darauf hat schon vor Jahren der Wirtschaftspsychologe Professor Oswald Neuberger hingewiesen. Er hat sich unter anderem mit «Archetypen der Führung» beschäftigt, mit «Urbildern», an denen wir Vorgesetzte intuitiv messen. Seine These: Führungskräfte werden typischerweise als Vaterfiguren, als Helden oder als Visionäre gesehen.[20] Wer die Wirtschaftspresse aufmerksam verfolgt, findet das schnell bestätigt. Ob «Manager Magazin» oder «Frankfurter Allgemeine Zeitung»: Da führen visionäre Manager Unternehmen aus der Krise, «besiegen» Wettbewerber, «sorgen» für ihre Belegschaft oder eben nicht. Wir erwarten Chefs, die sich kümmern, die weitsichtiger sind als wir selbst und die frei von Selbstzweifeln oder gar Ängsten unerschrocken handeln. Sitzt auf dem Chefsessel kein Übermensch, sind Enttäuschungen damit vorprogrammiert.

Dieses Bewusstsein mag tröstlich sein für jede Führungskraft, wenn sie sich mit überzogenen Ansprüchen ihrer Mitarbeiter oder passiver Konsumhaltung konfrontiert sieht. Dahinter stecken unausgesprochene Erwartungen, die im kollektiven Bewusstsein tief verwurzelt sind. Vielleicht ertappen Sie sich als Führungskraft gelegentlich ja selbst dabei, dass Sie mit Ihrem Vorstand oder Seniorchef hadern, weil der zu lange zögert, Ihre Leistung nicht genug würdigt, die Lage nicht differenziert genug einschätzt usw. Ady würde sagen: «Ente lässt grüßen!»

Fürs Logbuch

- Der Crew eine gute Heuer zu zahlen, reicht nicht aus: Geld allein macht nicht glücklich.
- Gestaltungsfreiräume, Anerkennung, Wertschätzung, Zielklarheit sind Hauptmotivatoren. Ob «Titanic» oder «Bounty», beide scheiterten auch an der Selbstherrlichkeit ihrer Kapitäne.
- Jede Crew braucht zwischendurch mal einen Landgang. Gemeinsame Aktivitäten abseits des Arbeitsalltages sorgen für gute Stimmung und schweißen zusammen.
- Ein guter Geist ist wie ein stetiger Wind, der Ihr Unternehmensschiff vorwärtstreibt. Einzelne Begeisterungsmomente sind die frische Brise zwischendurch.
- Die Hauptsäulen einer Begeisterungskultur sind Eindeutigkeit, Transparenz, Ehrgeiz, Kommunikation und Wir-Gefühl.
- Jeder Kapitän kennt die Macht der Gewohnheit: Die erste Ration Rum wird noch begeistert begrüßt, die dritte für selbstverständlich genommen. Trotzdem bleibt die gute Stimmung an Bord Chefsache.
- Die Erwartungen der Crew an ihren Kapitän sind hoch. Umgekehrt gilt auch: Mitarbeiter, die ihre Chefs begeistern, halten den Geistlauf in Bewegung.

«Menschen können nicht gemanagt werden.
Unternehmen kann man managen, Menschen aber muss man führen.»
(Ross Perot, amerikanischer Manager und Präsidentschaftskandidat)

3. Führung macht den Unterschied – Echte Kapitäne und was sie auszeichnet

Ein Schiff zu führen, ist nicht einfach. Ungezählte Wracks in den Tiefen aller Weltmeere zeugen ebenso davon wie die heutigen Fernsehbilder havarierter Tanker. Und doch: Angesichts der vielen Millionen Seemeilen, die Schiffe jährlich über die Ozeane kreuzen und dabei zahlreichen Stürmen trotzen, sind ihre Kapitäne erstaunlich erfolgreich. Das mag auch damit zusammenhängen, dass sie auf ihre anspruchsvolle Aufgabe sorgfältig vorbereitet werden: Wer Kapitän in der Handelsschifffahrt werden will, erwirbt an einer Fachschule oder Fachhochschule das «Befähigungszeugnis nautischer Wachoffizier» und sammelt anschließend mindestens zwei Jahre Praxiserfahrung. Erst dann wird ihm sein Kahn anvertraut.

Die Übergabe der ersten Führungsposition in einem Unternehmen beschränkt sich dagegen gelegentlich auf den Glückwunsch zur Beförderung und ein paar warme Worte: «So, Meier, nun machen Sie mal!» Doch die Seefahrt lehrt: Echte Kapitäne fallen nicht von den Bäumen. Es braucht Erfahrung und Anleitung. Und es braucht vor allem den Mut, sich der Verantwortung für das (Unternehmens-)Schiff zu stellen. Ein guter Kapitän ist der Fels in der Brandung. Er bestimmt den Kurs und heuert die richtige Crew an. Er mischt sich nicht in Details ein, die seine Leute besser beherrschen. Dafür behält er mögliche Gefahren im Auge vom Eisberg bis zum aufziehenden Sturm. Er gibt klare Ansagen und geht als Letzter von Bord. Das ist eine spannende Herausforderung. Wer sich ihr stellt, wird an ihr wachsen. Und wer sie bewusst ergreift, lernt rasch, Klippen zu umschiffen. Einige Koordinaten dafür liefert dieses Kapitel.

Leichtmatrosen: Warum manche Chefs nicht wirklich führen

Mit dem Führen ist es so ähnlich wie mit anderen großen «Projekten» im Leben, dem Kinderkriegen etwa oder dem Bau eines Hauses: Was das wirklich heißt, weiß man erst hinterher. Die Leadership-Expertin Maren Lehky, selbst Führungspraktikerin und erfahrener Coach, versucht in einem ihrer Bücher ein «realistisches» Briefing für die erste Führungsposition:

«Also, Herr Paul, stellen Sie sich mal drauf ein: Sobald Sie die Abteilung übernehmen, werden in Ihrem Büro dauernd Menschen stehen, die mit ihren ganz unterschiedlichen Bedürfnissen zu Ihnen kommen. Sie werden mit ihren Geschichten und der Suche nach Aufmerksamkeit bei Ihnen sein und ab und zu einfach nur mal reinschauen, um zu gucken, ob sie noch wohlgelitten sind; sie werden Sie von Ihrer Arbeit abhalten, werden von morgens bis abends etwas von Ihnen wollen. Am Ende des Tages werden Sie sich manchmal fragen, was Sie eigentlich gemacht haben. (…) Sie werden eine Menge Verantwortung tragen, so manche Nacht schlaflos auf dem Flur verbringen, weil Sie Ihre Sorgen nicht mit Ihren Mitarbeitern teilen können. Sie werden unter Strom stehen und sich manchmal fragen, ob Ihnen nicht alles entgleitet. Und dann werden Sie sich wieder zufrieden zurücklehnen und am Ende einer Woche auf die

Themen schauen, die Sie mitgestalten durften, auf die Erfolge, die man auch Ihnen zu verdanken hat…»[21]

Ein solches Briefing findet natürlich nicht statt, und wenn, würde es vermutlich kaum ein Führungsneuling hören wollen. Wer möchte schon an schlaflose Nächte, Schreiattacken oder Dreimonatskoliken denken, während er sich aufs Baby freut? Da springt man doch lieber ins kalte Wasser.

Der Wurf ins kalte Wasser

Es gibt kein Führungspatent analog zum Kapitänspatent in der Seefahrt. Vielfach wird in Unternehmen darauf vertraut, dass der Neuling sich schon «irgendwie» einfinden wird in die Führungsrolle. Dabei wird übersehen, dass ein guter Mitarbeiter nicht automatisch eine gute Führungskraft ist, dass es Übung und Unterstützung braucht. Oft regiert auch die Macht des Faktischen: Man möchte gute Leute halten und ihnen Perspektiven bieten, und so sitzt der kompetente Fachmann plötzlich auf dem Chefsessel. Dort vermisst er schon bald sein Fachgebiet und empfindet den ungewohnten Umgang mit Mitarbeitern als anstrengend und zermürbend. Viel lieber möchte er wie früher «konkrete Ergebnisse» produzieren. Dass das Schlichten eines Konfliktes oder die erfolgreiche Anleitung eines Mitarbeiters sehr wichtige und ebenso «konkrete» Arbeitsergebnisse sind, wird ihm erst klar, wenn er sich mit seiner Führungsaufgabe wirklich angefreundet hat. So etwas geht nicht von heute auf morgen, gerade weil der Anforderungsdruck in vielen Positionen heute sehr hoch ist. Das gilt im mittleren Management, das Mitarbeiteransprüche und Vorgaben der Unternehmensleitung versöhnen muss. Das gilt erst recht in der Geschäftsleitung, die knallharten Marktanforderungen begegnen und dabei die Leute mitnehmen muss.

Dass viele Vorgesetzte nicht wirklich führen, geht auf das Konto dieser Faktoren: Schlecht vorbereitete Kandidaten finden sich in

Führungspositionen wieder, begehen Führungsfehler und frustrieren Mitarbeiter. Neue Führungskräfte greifen von Zahlen getrieben und aus Unwissenheit zu den falschen Mitteln und erreichen dasselbe. Zwar gehört das Jammern über den Chef zum Leben genauso dazu wie das Jammern über schlechtes Wetter. Doch eine Flut von Büchern zum Thema «Klarkommen mit dem Chef», die sich offenbar blendend verkaufen, lässt befürchten, dass in den Unternehmen einiges schiefläuft.[22]

Zum Wurf ins kalte Wasser kommt ein diffuses Bild der Führungsrolle bei manchen Führungskräften. Fragt man Menschen nach ihrer Führungsmotivation, reichen die Antworten von einem sehr pauschalen «Etwas erreichen wollen, gestalten können» bis zu verständnislosen Blicken. Im zweiten Fall beschleicht mich der Verdacht, dass hier Gehalt, Dienstwagen, Blackberry und andere Insignien der Macht das Bild vom Chefsein wesentlich bestimmen. Doch Führen ist mehr als das Verteilen von Aufgaben. Es bedeutet Verantwortung für Menschen übernehmen – ihnen die Möglichkeit geben, ihr Bestes zu geben. Dazu gehört, Konflikte auszuhalten und unpopuläre Entscheidungen zu treffen. Und nicht zuletzt: Auch in heiklen Situationen, wenn ein Sturm aufzieht oder eine schwierige Route zu meistern ist, gilt es, der Crew Mut und Selbstvertrauen einzuflößen, statt sich auf der Brücke zu verschanzen. Ein Unternehmensschiff oder eine Abteilung zu steuern, ist also eine anspruchsvolle Aufgabe. Wer seine Crew begeistern will, sollte diese Aufgabe mit BeGEISTerung wahrnehmen. Begeisternde Chefs sind mit BeGEISTerung Chef. Und das bedeutet: Sie sind echte Führungskräfte, nicht nur Manager.

Manager oder Führungskraft («Leader»)?

Viele Mitarbeiter, die ich berate oder coache, sind exzellente Manager. Sie planen präzise, organisieren zuverlässig und kontrollieren penibel. Sie wissen, wie man ein Budget aufstellt oder eine Bilanz liest. Sie haben klare Vorstellungen darüber, wie sich bestimmte Aufgaben lösen lassen. Ihre Fragen kreisen um andere Dinge: «Wieso sind meine Mitarbeiter so unselbstständig?» «Warum denken meine Mitarbeiter nicht mit?» «Warum muss ich immer alles selbst machen, wenn es draufankommt?» «Ich habe immer wieder gesagt, der Kunde geht vor. Trotzdem gibt es immer wieder Beschwerden über schlechten Service.» In solchen Klagen schwingt die Hoffnung mit, Mitarbeiter hätten doch bitte schön einfach ihren Job zu machen. Ich spiele in solchen Fällen den Ball gern zurück: Was tun Sie wirklich dafür, dass Ihre Mitarbeiter selbstständig handeln? Wodurch geben Sie Ihren Mitarbeitern die Chance, sich in heiklen Situationen zu bewähren? Welche Servicementalität erleben Ihre Mitarbeiter bei Ihnen – im Tun, nicht im Sagen? Schnell wird dann deutlich: Menschenführung ist mehr als Aufgaben managen. Und deshalb brauchen Unternehmen, die auf BeGEISTerung setzen, Führungskräfte, nicht bloße Manager.

Der Unterschied zwischen beiden ist der Fokus: Führungskräfte wissen, dass sie Ziele nur mit und durch Mitarbeiter erreichen – dass sie die Menschen mitnehmen müssen, um dort anzukommen, wo sie hinwollen. Manager haben Ziele, und sie haben Mitarbeiter. Interessant ist in diesem Zusammenhang die Frage, wie viel Zeit ein Vorgesetzter mit originären Führungsaufgaben (etwa Feedback-Gesprächen mit Mitarbeitern, Informieren und Delegieren von Aufgaben, Fördern und Personalentwicklung, Moderieren von Konflikten) verbringt. Der Wirtschaftspsychologe Professor Lutz von Rosenstiel schätzt den Anteil «personaler Führung» im Arbeitsalltag auf nur fünfzehn Prozent. Und Professorin Heike von Bruch, Direktorin des Instituts für Führung und Personalmanagement an der Universität St. Gallen, sagt: «Führung wird immer hintangestellt. Sie wird zur Holschuld der Mitarbeiter, das ist schlecht. Die Mitarbeiter gewinnen so den Eindruck, dass anderes immer wichtiger ist als sie.»[23]

Führen ist also mehr als nur «managen»: Die Fokussierung auf Aufgaben, Prozesse und Ergebnisse wird durch einen zweiten Fokus ergänzt, den auf die Mitarbeiter. Während Henry Ford noch bedauert haben soll, dass man «immer einen ganzen Menschen bekommt, wenn man eigentlich nur ein paar Hände braucht», machen sich heute selbst Schlachthofbetreiber Gedanken darüber, wie sie den Bedürfnissen der Arbeitnehmer am besten Rechnung tragen. So plant Tönnies Fleisch, ein großes westfälisches Familienunternehmen mit 7500 Mitarbeitern, beim Bau eines neuen «Verwaltungs- und Sozialzentrums»(!) ganz selbstverständlich Kindertagesstätte, Fitnessstudio und Sportplatz für die Betriebsfußballmannschaften mit ein. «Uns geht es um die Attraktivität als regionaler Arbeitgeber. Wir wollen unsere qualifizierten Mitarbeiter auch mit diesen Sozialeinrichtungen auf Dauer an uns binden und weitere Leistungsträger für das Unternehmen gewinnen», sagt Firmenchef Clemens Tönnies dazu.[24] Da schwingt eindeutig das Bewusstsein mit, dass man Mitarbeiter für ein Unternehmen begeistern muss, wenn man im Gegenzug hohes Engagement erwartet.

Allerdings: Das schönste Fitnessstudio bringt wenig, wenn Mitarbeiterorientierung in der direkten Führung nicht gelebt und fortgeführt wird. Das betonen alle Unternehmen, die MitarbeiterBegeisterung offensiv leben. «Was uns auszeichnet, sind flache Hierarchien und auch eine gewisse Volksnähe der Geschäftsführung. Wenn ein Geschäftsführer eine Filiale besucht, ist es ganz normal, dass er sich mit der Aushilfe unterhält und ihre Ideen ernst nimmt», erzählt beispielsweise Udo Kithier von Runners Point. Es geht dabei nicht um den Gegensatz von Mitarbeiter- und Aufgabenorientierung, wie er in der Betriebswirtschaftslehre traditionell aufgemacht wird, nicht um Menschen auf der einen und gute Ergebnisse auf der anderen Seite. Ein funktionierender Geistlauf bedeutet: *durch* Mitarbeiterorientierung bessere Ergebnisse erzielen. Zur Umsetzung des MbO-Zirkels genügen Manager, wer den Geistlauf anstoßen will, braucht Mitarbeiter, die mit Leib und Seele führen – «Leader» eben. Die unterschiedlichen Schwerpunkte auf einen Blick:

Manager	**Leader**
Fachkompetenz	Persönlichkeit (Vorbild)
Methoden	Emotionale Intelligenz
Abläufe organisieren und optimieren	Menschen anleiten und befähigen
Entscheidungen fällen und Sachprobleme lösen	Mitarbeiterkompetenzen einbeziehen und Lösungen erarbeiten
Anweisen	Orientierung geben
Den Status quo optimieren	Den Status quo überschreiten
Die gesetzten Ziele erreichen	Das Unternehmen insgesamt voranbringen

Manager organisieren und optimieren; Leader inspirieren und bewegen Menschen, ihr Bestes zu geben. Manager verlassen sich primär auf ihre fachliche Kompetenz; Leader wirken auch durch ihre Persönlichkeit. Das heißt nicht, dass alle Leader mitreißende Kommunikatoren sein müssen. Auch eher stille Persönlichkeiten können großen Einfluss ausüben – durch ihre besondere Integrität, Entschlossenheit und Klarheit. Exzellente Führungskräfte vereinen beide Komponenten; Management und Leadership, wenn auch in unterschiedlichem Ausmaß. Niemand ist perfekt, doch wem jegliche Leadership-Kompetenz fehlt, der wirkt wie ein blutleerer Technokrat und macht es seinen Mitarbeitern schwer, BeGEISTerung zu entwickeln. Wer seine Leute emotional verhungern lässt, macht das Unternehmen zu einem unwirtlichen Ort. Daniel Goleman, der

1995 mit einem Buch über «Emotionale Intelligenz» weltweit für Aufsehen sorgte, schreibt dazu: «Die besten Führungskräfte zeichnen sich dadurch aus, dass sie die entscheidende Rolle von Emotionen am Arbeitsplatz verstehen – nicht nur in materieller Hinsicht (bessere Geschäftsergebnisse, geringe Mitarbeiterfluktuation), sondern auch in immaterieller Hinsicht (höhere Arbeitsmoral, Motivation und Engagement).» Und: «Einer der Gründe, warum emotional intelligente Führungskräfte Menschen – insbesondere talentierte – anziehen, besteht schlicht und einfach darin, dass es Freude macht, mit ihnen zu arbeiten.»[25]

Was heißt das für die Praxis? «Es gibt Menschen mit einer Begabung für Menschen. Und es gibt Menschen, für die das nicht gilt», schreibt Management-Guru Tom Peters und rät: «Belohnen Sie ‹Menschenbegabung›!»[26] Und wenn Sie selbst in einer Führungsposition sind, hinterfragen Sie gelegentlich, ob Sie Ihrer eigenen Menschenbegabung im Alltag genügend Raum lassen. Oder ob zu oft wichtige «Sachfragen» erst einmal vorgehen. Dieses Bewusstsein trägt nach meiner Erfahrung als Coach und Berater entscheidend dazu bei, manchmal genauer hinzuschauen, sich Mitarbeitern zuzuwenden und seine Leadership-Kompetenzen zu entwickeln. Auch gute Leader machen nicht immer alles richtig. Doch sie konzentrieren sich im Führungsalltag auf die richtigen Dinge. Grundlage ist die Reflexion des eigenen Führungsverständnisses: Was sollen Ihre Mitarbeiter über Sie denken? Wie möchten Sie wahrgenommen werden: Als souveräner Lenker, der klar die Richtung vorgibt? Als eher kumpelhafter Coach, der nur eingreift, wenn die Dinge aus dem Ruder laufen? Oder ganz anders? Und wie gut passt Ihr tägliches Verhalten zu diesem Bild von sich?

Wie gut kennen Sie Ihre Mitarbeiter?

Fast alle Führungskräfte, die ich coache, ächzen unter der Fülle ihrer Aufgaben. Auch an einem Zehnstundentag ist nicht «alles» zu schaffen. Im ersten Gespräch geht es dabei häufig nicht darum, was man noch alles tun, verändern, angehen sollte. Die erste wichtige Frage lautet vielmehr: Was können Sie weglassen? Erstaunen oder Abwehr meines Gegenübers gehen dann meist rasch in konzentriertes Sammeln über. In jedem Unternehmen, auch im innovativsten, gibt es Dinge, die man macht, weil man sie immer schon gemacht hat – Sitzungen, die abgehalten werden; Listen, die geführt werden; Protokolle und Berichte, die erstellt oder abgezeichnet werden. Bürokratien entwickeln fast zwangsläufig ein Eigenleben, und vielfach hat man im Alltag nicht den Kopf frei dafür, zu prüfen, ob das alles wirklich (noch) sinnvoll ist. In dieselbe Kategorie gehören Mitgliedschaften oder andere Aktivitäten, die Zeit fressen, jedoch wenig Nutzen stiften. Produkte und Angebote, die aufrechterhalten werden, obwohl sie nur magere Gewinne abwerfen. Kunden, die weiter umsorgt werden, obwohl sie routinemäßig reklamieren, um Preise zu drücken, und unverhältnismäßig viel Energie rauben.

Wer Menschenführung ernst nimmt, braucht Zeit dafür. Und diese Zeit werden Sie sich immer wieder erkämpfen müssen. Versäumen Sie das, riskieren Sie Sand im Abteilungsgetriebe, was Sie dann erst recht Zeit kostet. Überlegen Sie daher im konkreten Fall, ob Sie es sich leisten können, jetzt «keine Zeit» zu haben. Leadership ist auch eine Frage der Schwerpunktsetzung, der persönlichen Prioritäten. Ich kenne Vorgesetzte, die sich mit Hingabe in die Frage stürzen, ob man beim Intranet des Unternehmens nicht doch vielleicht lieber auf Linux setzen sollte, und die Mitarbeitergespräche in die Pausen zwischen Software-Basteleien legen, die in der IT-Abteilung besser aufgehoben wären: «Ich komme dann auf Sie zu, Frau Meyer!» Jahresgespräch auf Abruf, da weiß Frau Meyer gleich, an welcher Stelle sie steht. Ob sie sich mit Verve auf neue wichtige Aufgaben stürzen wird, ist zu bezweifeln.

Ein guter Test für das eigene Führungsverständnis ist die Frage, wie gut Sie Ihre Mitarbeiter kennen. Einige der folgenden Fragen mögen auf den ersten Blick banal erscheinen. Bevor Sie schmunzelnd weiterblättern, fragen Sie sich bitte, ob Ihre Mitarbeiter Ihren Antworten wirklich beipflichten würden. Ein anderes Gedankenspiel: Wie würde Ihr eigener Chef diesen Fragebogen ausfüllen? Würden Sie seine Ansichten teilen? Selbst- und Fremdwahrnehmung sind häufig zweierlei. Souveräne Führungskräfte hinterfragen ihr Selbstbild regelmäßig.

Wie gut kennen Sie Ihre Mitarbeiter? Wie hoch ist Ihre Mitarbeiterorientierung? Einige Indizien:	Ja	Nein
Erzählen Ihnen Führungskollegen gelegentlich Dinge über Ihre engsten Mitarbeiter, die Sie selbst nicht wissen?	☐	☐
Kommt es vor, dass Sie bei Eigenkündigungen aus allen Wolken fallen, weil Sie dachten, alles sei in bester Ordnung?	☐	☐
Trifft es zu, dass Sie über die Familiensituation Ihrer engsten Mitarbeiter kaum etwas wissen?	☐	☐
Passiert es Ihnen schon mal, dass Ihnen Namen von Mitarbeitern außerhalb Ihres engsten Umfeldes nicht einfallen?	☐	☐
Kommen Mitarbeiter fast nie mit Problemen jenseits des engeren Arbeitskontextes auf Sie zu?	☐	☐
Werden Sie leicht ungeduldig, wenn Sie mit Mitarbeitern sprechen? Fordern Sie gern auf, «zum Punkt zu kommen»? Ertappen Sie sich dabei, wie Ihre Gedanken abschweifen oder wie Sie nebenbei Ihr iPhone oder Ihren Blackberry checken?	☐	☐
Wünschen Sie sich öfter, «endlich in Ruhe mal was wegschaffen zu können» und nicht immer wieder durch Mitarbeiter unterbrochen zu werden?	☐	☐
Waren Sie bisher der Auffassung, dass schlechte Stimmung in der Abteilung kein Drama ist, solange die Zahlen stimmen?	☐	☐

Je öfter Sie hier «Ja» angekreuzt haben, desto eher sollten Sie Ihr bisheriges Führungsverständnis überprüfen. Möglicherweise haben Sie in der Konzentration auf gute Sacharbeit Ihre Leute aus den Augen verloren?

Wie erfahren Sie mehr über Ihre Mitarbeiter? Grundvoraussetzung ist die Bereitschaft, genauer hinzusehen und hinzuhören. Manchen Chefs fällt es auf, wenn ein Mitarbeiter immer stiller wird und sich zurückzieht, andere registrieren nicht einmal, wenn ihre Assistentin mit den Tränen kämpft. Konzentriert zuzuhören, ist für die allermeisten Menschen eine der schwierigsten Übungen überhaupt. «Du hörst mir ja überhaupt nicht zu!» ist nicht zufällig einer der häufigsten Vorwürfe in Beziehungen. Doch während Ihr Gegenüber am Abendbrottisch aufbegehrt, resignieren Mitarbeiter. Gegensteuern können Sie, indem Sie sich angewöhnen, «im Moment zu sein» – Ihre Aufmerksamkeit also tatsächlich voll auf das zu richten, was momentan ansteht. Denn wenn Sie während eines Mitarbeitergesprächs über Ihren Quartalsbericht nachgrübeln, wird aus keinem von beidem wirklich etwas, weder aus dem Gespräch noch aus Ihrem Quartalsbericht.

Außerdem können Sie bewusst Gelegenheiten nutzen oder schaffen, um mehr über Ihre Mitarbeiter zu erfahren. Gehen Sie gelegentlich gemeinsam mit dem Team essen. Beschließen Sie die Woche mit einer kleinen Freitagsrunde, die Zeit zum informellen Austausch bietet. Reservieren Sie regelmäßig eine Zeit der offenen Tür, von der Ihre Mitarbeiter wissen, dass Sie ansprechbar und bereit für kurze klärende Gespräche sind – etwa gleich nach der Mittagspause oder kurz vor Feierabend. Oder machen Sie es wie die Klages & Partner GmbH, eines der Top-Five-Unternehmen in der Gruppe bis fünfzig Mitarbeiter im «Top Job»-Wettbewerb 2010: Beim IT-Dienstleister gibt es einmal im Monat einen «Kulturabend», an dem man sich Bücher vorstellt, gemeinsam Filme schaut oder sich auf ein Bier trifft, und einmal in der Woche das schon erwähnte Freitagsfrühstück, das Gelegenheit zum informellen Austausch bietet.[27] Überlegen Sie einfach, was zu Ihrem Team, zu Ihnen und zur Arbeitssituation passt. Reagieren Sie auf Anliegen und Interessen der Mitarbeiter. Das muss nicht immer die Rückenschule oder das Fußballturnier sein, das kann auch der Vortrag einer Expertin zum Thema «Wenn die Eltern älter werden» sein, das Mitarbeitern Wege aufzeigt, mit einer sich abzeichnenden Pflege Angehöriger umzugehen.

Eine geniale Methode, den Draht zu seinen Mitarbeitern nicht zu verlieren, praktizierte der frühere US-Außenminister Colin Powell. Wenn er im Haus war, ging er jeden Tag zur selben Zeit dieselbe Strecke im Ministerium ab und war während dieses Rundgangs für Mitarbeiter ansprechbar. Wer wollte, konnte den Chef also «zufällig» treffen. «Management by Walking Around» wird daher auch als «Powell-Methode» bezeichnet. Für Henning Senger von Senger Gebäudetechnik ist es selbstverständlich, die Baustellen, auf denen seine Mitarbeiter arbeiten, zu besuchen und nach dem Rechten zu schauen. Ob so ein Besuch primär als Kontrolle oder als Gesprächsangebot aufgefasst wird, hängt vom Auftreten ab. Es spricht jedenfalls nicht gerade für Mitarbeiterorientierung, wenn ein Vorgesetzter nie in der Produktion oder an der «Verkäuferfront» gesehen wird. Bei der KBS-Spritztechnik GmbH, ebenfalls als «Top Job»-Arbeitgeber ausgezeichnet, geht man noch einen Schritt weiter und setzt auf Job-Rotation. Die Führungskräfte tauschen eine Woche lang ihre Schreibtischarbeit gegen praktische Tätigkeiten in Fertigung und Montage.[28] Daraus ergeben sich mit Sicherheit interessante Gespräche zwischen Führungskräften und Mitarbeitern!

Echte Kapitäne: Warum gute Führungskräfte Berufsoptimisten sind

Für den Optimisten ist das Glas halb voll, für den Pessimisten ist es halb leer. Dieser Spruch ist bekannt, doch beherzigt wird er selten – dazu sind viele Menschen viel zu sehr ins Kritisieren und Schwarzmalen verliebt. Der optimistische Chef sagt: «Schönes Konzept, das sollten wir weiterverfolgen! Machen Sie doch mal eine Kostenaufstellung.» Der pessimistische Chef sagt: «Sooo kann ich damit überhaupt nichts anfangen! Da ist ja noch nicht mal eine Kostenaufstellung dabei!» Der US-Amerikaner Eric T. Hansen, den es zum Studium auf den «Planet Germany» verschlagen hat, unterstellt den Bewohnern dieses merkwürdigen Planeten in einem satirischen Buch sogar den tief verwurzelten Glauben, «Nörgeln sei ein Zeichen überlegener Intelligenz».[29] Das Fatale daran: Gute Gefühle sind ansteckend – schlechte auch! Erinnern Sie sich noch, wie Sie sich in der Schule gefühlt haben, wenn ein ohnehin eher ruppiger Lehrer schon mit dem Zuknallen der Tür signalisierte: Heute habe ich besonders schlechte Laune!? Konnten Sie in dieser Situation besser denken? Hatten Sie Lust, sich am Unterricht zu beteiligen, Ideen zu entwickeln? Wahrscheinlich eher weniger. Seien Sie gewiss, Ihren Mitarbeitern geht es ebenso.

Gute Führungskräfte sind Berufsoptimisten, weil Optimismus der beste Weg ist, Mitarbeiter zu guten Leistungen anzuspornen. Wer seinen Mitarbeitern etwas zutraut, wer ihnen positiv begegnet, wer sie machen lässt und ihnen Verantwortung überträgt, wird in der Regel belohnt. Wer misstrauisch und abweisend ist und seine Leute gängelt, bekommt dafür ebenfalls die Quittung. Dahinter steckt das bekannte Phänomen der Selffulfilling Prophecy, der sich selbst erfüllenden Prophezeiung, das schon in den Sechzigerjahren in Schulen und Unternehmen wissenschaftlich nachgewiesen wurde. Fast jeder kennt das aus seiner eigenen Schullaufbahn: Ein Mitschüler, der von den Lehrern für faul, frech oder dumm gehalten wurde, kriegte in den seltensten Fällen ein Bein auf die Erde. Und wer in einer gefürchteten «Rabaukenfamilie» älteren Geschwistern nachfolgte, büßte für deren Ruf häufig gleich mit. «Oje, schon wieder ein Stegmeier!», heißt es in solchen Fällen im Lehrerzimmer. Folge: Der Neuzugang steht von Anfang an unter verschärfter Beobachtung und wird für Ausrutscher gemaßregelt, die beim Nachbarn gar nicht bemerkt werden. Er erweist sich so als eben der Rabauke, den man erwartet hat, und reagiert über kurz oder lang tatsächlich rebellischer, nach dem Motto: «Hat ja doch alles keinen Zweck.» Der Schweizer Schriftsteller Max Frisch hat dieses Phänomen zum Ausgangspunkt seines bekannten Theaterstücks «Andorra» gemacht, in dem die Bewohner eines fiktiven Staates zahlreiche vermeintlich «jüdische» Eigenschaften an einem Mitbürger entdecken, den sie irrtümlich für einen Juden halten, und auf diese Weise systematisch sein Selbstvertrauen untergraben.

Dieser Effekt greift auch in Unternehmen. Der langjährige Professor der Harvard Business School J. Sterling Livingston publizierte Ende der Sechzigerjahre einen Artikel, der bis heute als wegweisend gilt. Unter dem Titel «Pygmalion in Management» berichtet er von verschiedenen Fallstudien in großen Filialunternehmen (Versicherungsgesellschaften, Autohäuser). Übereinstimmend stellte sich dabei heraus, dass Filialen mit einem optimistischen Vorgesetzten, der seinen Verkäufern Vertrauen in ihre Fähigkeiten einflößte, tatsächlich sehr viel bessere Verkaufsergebnisse erzielten. «Werden Verkäufer von ihren Managern als ‹Supertruppe› behandelt, (...) versuchen sie diesem Bild auch gerecht zu werden. Sie tun das, was ihrer Meinung nach von hervorragenden Verkäufern erwartet wird. (...) Erfolglose Vertreter können nur schwer ihr Selbstbild und ihre Selbstachtung bewahren. Als

Reaktion auf die niedrigen Erwartungen des Managements versuchen sie, ihrem Ego nicht weiter zu schaden, und weichen Situationen aus, die zu neuerlichen Misserfolgen führen könnten», fasst Livingston zusammen.[30] Aus dem gleichen Grund ist es besser, dass der weniger ängstliche Elternteil dem Kind das Schwimmen beibringt.

Bekommt der kleine Nichtschwimmer verbal oder nonverbal vermittelt: «Vorsicht, gefährlich!» oder «Ob du das schaffst?», ist Wasserschlucken vorprogrammiert. Johann Wolfgang von Goethe fasste diesen Zusammenhang schon vor rund 200 Jahren treffend zusammen: «Behandle die Menschen so, als wären sie, was sie sein sollten, und du hilfst ihnen zu werden, was sie sein können.»

Von Klarheit bis Kreativität: Erfolgreich führen mit den «7 K»

Über Mitarbeiterführung ist seit Jahrzehnten so viel geschrieben worden, dass einem schier schwindelig werden könnte – alle paar Monate wird ein neues Erfolgsrezept propagiert. Dabei sind sich Experten heute einig, dass es *den* ultimativen Führungsstil nicht gibt.

Wie Sie führen, muss zum Umfeld passen, zu Ihren Mitarbeitern und nicht zuletzt auch zu Ihnen. Ein erfahrener Manager jenseits der fünfzig führt nicht auf dieselbe Weise wie ein Mittdreißiger, und in der Software-Schmiede geht es anders zu als auf dem Bau. Einen Azubi im ersten Lehrjahr werden Sie auf eine andere Art «anpacken» als einen Gesellen, auf den Sie sich schon seit Jahren verlassen können. Dennoch gibt es einige verbindende Führungstugenden.

Wir bei STRUPAT.KundenBegeisterung! haben sie als die «7 K» zusammengefasst und bereits im ersten Buch, «Das bunte Ei», kurz angesprochen. Bevor Sie weiterlesen, überlegen Sie einmal, was diese Führungskoordination für Sie ganz persönlich bedeutet:

Kommunikation

Konsequenz

Konzentration

Klarheit

Kontrolle

Kreativität

Kultur

1. Kommunikation

Ihr wichtigstes Führungsinstrument ist das Wort. Geführt wird durch reden, durch kommunizieren. Wenn Sie es schaffen, Ihre Mitarbeiter im Gespräch wirklich zu erreichen, die Anliegen Ihres Gegenübers zu verstehen und Ihre Anliegen deutlich rüberzubringen, ist viel gewonnen. Das hört sich einfacher an, als es ist, denn Kommunikation ist weit komplizierter, als wir uns im Alltag häufig klarmachen. Sie sagen beispielsweise ganz neutral (wie Sie meinen): «Frau Meyer, Sie denken dran, dass das Protokoll heute fällig ist, oder!?», und Frau Meyer ist zwei Tage verschnupft, weil sie sich von Ihnen «gemaßregelt» fühlt. Oder Sie selbst sind verärgert, weil Mitarbeiter Müller Ihnen eine Information über Tage schuldig bleibt, obwohl Sie ihn doch gebeten haben, sich «gleich» darum zu kümmern.

Die häufigste Form der Kommunikation sei das Missverständnis, hat ein kluger Mensch einmal behauptet. Das liegt vor allem daran, dass wir weit weniger «sachlich» und «rational» sind, als wir alle gern glauben. Kommunikationswissenschaftler gehen davon aus, dass die Sachebene unser Miteinander nur zu etwa einem Siebtel bestimmt. Gefühle und Emotionen, unausgesprochene Erwartungen und Einstellungen prägen dagegen die Beziehungsebene, auf deren Konto der Löwenanteil unserer Reaktionen geht. Dass dieses «Eisbergmodell» der Kommunikation tatsächlich stimmt, merkt man immer dann, wenn man «vernünftig» mit jemandem reden möchte, zu dem die Beziehung nicht stimmt. Ein gutes Verhandlungsergebnis zwischen zwei Geschäftspartnern, die sich zutiefst unsympathisch sind oder die sich misstrauen, ist fast unmöglich, da mögen die ausgetauschten Argumente noch so stichhaltig sein. Und wenn Frau Meyer findet, dass Sie ohnehin zu viel kontrollieren, reagiert sie auf eine arglos gemeinte Bemerkung eben allergisch.

Interessant ist in diesem Zusammenhang eine Studie der Psychologin Claudia Eilles-Matthiesen, die über hundert Berufstätige Tagebuchprotokolle nach Chefgesprächen führen ließ. Ergebnis:

«Jedes fünfte Gespräch (...) löst negative Gefühle wie Angst oder Selbstzweifel aus und wird als selbstwertbedrohlich erlebt.»[31] Wenn Sie also mit jedem Ihrer Mitarbeiter ein Gespräch pro Tag führen, ist die Gefahr groß, dass er eines pro Woche davon als «kränkend» empfindet. Da reichen meiner Erfahrung nach oft kleine Kommentare oder Gesten, die einem fast unbemerkt durchrutschen – ein Augenverdrehen, ungeduldiges Abwinken oder eine ironische Bemerkung. Ich kenne den Fall eines Junganwalts, der in einer Frankfurter Großkanzlei seine Kündigung einreichte, nachdem der Chef ihn nach einigen superstressigen Monaten freitags gegen 17 Uhr im Mantel vor dem Fahrstuhl antraf. Eine spöttische Bemerkung des Vorgesetzten – «Ich wusste gar nicht, dass Sie einen Halbtagsjob haben, Herr Sowieso» – brachte das Fass zum Überlaufen.

Weil das Thema Kommunikation im Führungsalltag so enorm wichtig ist, finden Sie im nächsten Kapitel ausführliche Tipps dazu («So reden Sie am besten mit Ihrer Mannschaft», Seite 129ff.). Daneben hilft einem schon das Bewusstsein für die Untiefen der Kommunikation, das einen vorsichtiger formulieren und eher mal ein klärendes Gespräch suchen lässt. Verbessern Sie Ihre Kommunikationsstärke auch durch regelmäßige Fortbildungen. «Richtig miteinander reden» lernt man während der üblichen Ausbildung kaum.

2. Konsequenz

Halten Sie sich an Regeln, die Sie aufgestellt haben, und zwar kompromisslos. Wer heute so und morgen anders verfährt, wer in ähnlichen Situationen ganz verschieden reagiert oder von den Mitarbeitern unterschiedliches Verhalten verlangt, wird in ihren Augen unberechenbar. Ein Extrembeispiel für Inkonsequenz sind tyrannische Chefs. Wenn Sie selbst einmal das Vergnügen hatten, für jemanden zu arbeiten, der Sie gestern als «totale Niete» beschimpfte und heute bei ähnlichen Ausgangsbedingungen über den grünen Klee lobt, kennen Sie den Effekt dieses Verhaltens: Man stumpft ab und verliert das Zutrauen, an diesem Arbeitsplatz tatsächlich etwas bewegen zu können. Psychologen sprechen in diesem Zusammenhang von «erlernter Hilflosigkeit».

Wer konsequent handelt, ist berechenbar, und Mitarbeiter schätzen berechenbare Chefs. Sie wollen wissen, woran sie bei Ihnen sind. Inkonsequenz verunsichert und demotiviert. Wenn Sie die Parole «Keine Privatfahrten mit Dienstwagen» ausgeben und einer Ihrer Leistungsträger wird dabei beobachtet, wie er mit dem Firmentransporter zu einem privaten Umzug aufbricht, haben Sie Erklärungsbedarf. Lernen Sie, Nein zu sagen, tappen Sie nicht in Harmoniefallen. Einem verdienten Mitarbeiter eine Bitte abzuschlagen, ist kurzfristig unangenehm. Ihm nachzugeben und damit das ganze Team zu vergrätzen, wird noch viel unangenehmer. Was spräche im konkreten Fall überdies dagegen, zu sagen: «Nein, Herr Schulze. Sie kennen die Dienstwagenregelung. Doch als Dankeschön für Ihren besonderen Einsatz übernehme ich die Kosten für einen gemieteten Transporter. Reichen Sie mir nächste Woche einfach die Rechnung ein.» Das wäre ein echter Wow-Effekt!

(→ www.dereiertanz.de)

3. Konzentration

Konzentration – die Fokussierung auf ein klares Leistungsangebot und eine eindeutig umrissene Zielgruppe – ist ein wesentliches Erfolgsmoment im Business. Wer «allen alles» bieten will, tut sich heute schwer am Markt. Das zeigt beispielsweise der Niedergang der klassischen Kaufhäuser, die zwischen Discountern auf der einen und Premiumanbietern auf der anderen Seite zerrieben werden. Erfolgreiche Unternehmen verfolgen eine durchdachte Strategie und zielen mit ihren Produkten passgenau auf bestimmte Kundengruppen. Führungskräfte tun gut daran, ihre Mitarbeiter in ähnlicher Weise als «Kunden» zu betrachten und ihr Führungshandeln entsprechend zu reflektieren. Wie können Sie Ihre Mitarbeiter optimal unterstützen und ihnen so Bestleistungen ermöglichen? Mit welcher Begeisterungsstrategie tragen Sie den Bedürfnissen Ihres Teams am ehesten Rechnung? Anders gefragt: Wie setzt sich Ihre Crew zusammen und welche Angebote könnten vor diesem Hintergrund für gute Stimmung an Bord sorgen?

Konzentrieren Sie sich auf wenige wirkungsvolle Maßnahmen, statt sich zu verzetteln. Das hat den doppelten Vorteil, dass Aktionen planbar (und damit besser organisierbar) werden und dass sich Rituale entwickeln, die ein Team zusammenschweißen. Zur Handwerkertruppe der Senger Gebäudetechnik GmbH passen zum Beispiel «Betriebsschützenfest» und gemeinsame Stadionbesuche bei Heimspielen des VfL Osnabrück. Beim team baucenter Kiel im hohen Norden sind es Boßelturniere oder Familientage. Auch andere Aktionen wie Jahresbriefe oder Geschenke zu Betriebsjubiläen und zum Geburtstag fließen hier von vornherein in die Jahresplanung mit ein. Systematik – eben eine Begeisterungsstrategie – erleichtert die Durchführung und schafft Raum für gelegentliche «Überraschungsaktionen».

4. Klarheit

Wofür stehen Sie als Chef? Was ist Ihnen besonders wichtig? Wo genau geht die Reise hin? Welche Spielregeln gelten bei Ihnen? Mitarbeiter sind meiner Erfahrung nach durchaus bereit und in der Lage, sich auf unterschiedliche Vorgesetzte einzustellen – wenn man ihnen denn die Möglichkeit dazu gibt. Ich erlebe immer wieder, dass Führungskräfte sich bei mir beklagen: «Meine Leute müssten doch sehen, was wir da brauchen!» oder: «Es macht mich rasend, wenn die einfachsten Dinge nicht klappen! Jeder bei uns muss doch wissen, dass …» Frei nach dem Philosophen Paul Watzlawick kann man dazu nur sagen: Sorry, jeder lebt in seiner Welt. Was für Sie «klar» ist, ist für Ihren Nachbarn, Ihre Tochter oder Ihren Mitarbeiter nicht zwangsläufig genauso klar. Wir alle urteilen vor dem Hintergrund unserer eigenen Erfahrungen und Einstellungen, und wir neigen dazu, diese zu verallgemeinern. Doch mit unausgesprochenen Erwartungen kommt man im Alltag häufig nicht weit; Missverständnisse sind vorprogrammiert. Dazu müssen Sie nur an Ihren letzten Krach zu Hause denken.

Aus dieser Falle führt ein ganz einfacher Weg heraus: Machen Sie klare Ansagen, worauf es Ihnen ankommt. Mitarbeiter brauchen klare Ansagen! Wie auf einem Schiff muss auch im Unternehmen jeder wissen, wohin die Reise geht. Und den Kurs bestimmt der Kapitän. Das betrifft Alltägliches genauso wie übergeordnete Ziele. Wie möchten Sie informiert werden: lieber schriftlich / per Mail oder mündlich / per Telefon? In welchen Situationen möchten Sie unbedingt herangezogen werden; mit welchen Details soll man Sie lieber nicht behelligen? Bis wann genau möchten Sie das Ergebnis der Aufgabe, die Sie delegiert haben? Warum ist Ihnen dieser Auftrag besonders wichtig und was erwarten Sie vor diesem Hintergrund von Ihren Mitarbeitern? Sagen Sie das deutlich, gerne aus gegebenem Anlass auch wiederholt! Und wenn Ihnen etwas nicht passt, sagen Sie auch das, und erläutern Sie sachlich, warum. Das ist allemal besser, als brummig und unwirsch zu reagieren und die Mitarbeiter raten zu lassen, woran das denn wohl liegen könnte. Solange ein Mitarbeiter grübelt, warum Sie so abweisend sind, kann er sich weder auf seine Aufgabe noch auf seinen Kunden voll konzentrieren. Und Hellsehen steht bislang in keinem Lehrplan, selbst bei Spitzenleuten nicht.

5. Kontrolle

Wenn Sie dieser Punkt in einem Buch über MitarbeiterBegeisterung überrascht, gehören Sie vielleicht zu den Führungskräften, die Kontrolle als eher unangenehm oder als autoritären Gestus empfinden. Doch Vorgesetzte, die Arbeitsergebnisse ihrer Mitarbeiter nicht explizit zur Kenntnis nehmen und kommentieren, lassen diese in der Luft hängen. Das verunsichert oder wird als Desinteresse des Chefs gedeutet. Denken Sie an einen Lehrer, der Aufgaben gibt und sie danach nicht kontrolliert: Er bringt seine Schüler um ihr Erfolgserlebnis. Die Frage lautet daher nicht, Kontrolle ja oder nein, sondern: wie viel Kontrolle und in welcher Form? Wer einen versierten und zuverlässigen Mitarbeiter immer wieder penibel überprüft, demotiviert. Wer einen unerfahrenen Mitarbeiter vor sich hin wurschteln lässt und sich nicht die Zeit für eine Prüfung seiner Arbeitsergebnisse und eine Rückmeldung nimmt, auch. «Situative Führung» bedeutet, Kontrolle und Feedback auf Erfahrungsstand und Motivation eines Mitarbeiters abzustimmen. Die Dosis entscheidet also über Heilmittel oder Gift. Während «Laisser-faire-Chefs» sich gänzlich aus der Verantwortung stehlen, kontrollieren viele Vorgesetzte in der Praxis zu viel. Steven Sonsino von der London Business School hält zwei von drei Chefs für «Mikromanager», die ihren Mitarbeitern wenig Spielraum lassen.[32] Das geht häufig nach hinten los: Die Mitarbeiter arbeiten nicht etwa sorgfältiger, sondern resignieren nach dem Motto: «Hat ja eh alles keinen Zweck, der Chef findet ja immer was.»

Grundsätzlich bewährt es sich, Ergebnisse zu prüfen und nicht Verfahrensweisen und dort, wo die Dinge gut laufen, einen Vertrauensvorschuss zu gewähren. Beweisen Sie auch hier eine gesunde Portion Optimismus. Wie sagte schon der preußische Reformer Heinrich Freiherr vom Stein? – «Zutrauen veredelt den Menschen, ewige Vormundschaft hemmt sein Reifen.» Konstruktive Kritik ist zudem immer konkret und auf den Einzelfall bezogen und nicht pauschal und auf die Person gerichtet. Also nicht: «Herr Schulze, Ihre Präsentation wimmelt von Fehlern. Das ist einfach schlampig!», sondern: «Herr Schulze, bei der Produktpräsentation stimmen wichtige Zahlen nicht. Bitte prüfen Sie das sorgfältig nach und vermeiden Sie solche Fehler in Zukunft.»

6. Kreativität

Eine sehr interessante Frage für jede Führungskraft lautet: «Würde ich gerne für jemanden wie mich arbeiten?»[33] Die Frage hat es in sich, denn sie provoziert einen radikalen Perspektivwechsel. Ein Unternehmen, das seine Kunden immer wieder positiv überrascht, bezeichnen wir bei STRUPAT.Kundenbegeisterung! als «buntes Ei» im einfarbigen Ei(n)erlei. Im Idealfall sind Sie als Chef ein solches buntes Ei für Ihre Mitarbeiter. Anders ausgedrückt: Sie sind angenehm auffallend anders als alle anderen. Das kostet vielfach kaum mehr als Einfühlungsvermögen und ein wenig Überlegung. Ihr Team liegt in den letzten Zügen eines wichtigen Projekts und ist bis spätabends im Büro? Ordern Sie einen leckeren Snack beim Bäcker oder in der Pizzeria. Eine Mitarbeiterin macht sich große Sorgen um ihren pubertierenden Sohn? Unterstützen Sie sie bei der Suche nach einem fähigen Nachhilfelehrer. Setzen Sie bewusst Zeichen dafür, dass Ihre Mitarbeiter Ihnen am Herzen liegen. Dabei sind es oft die kleinen Dinge, die begeistern, etwa wenn der Chef Gesprächsbereitschaft signalisiert, weil jemand seit Tagen bedrückt durch die Firma läuft. Weitere Anregungen finden Sie in Kapitel 4 (Seite 118ff.). Darüber hinaus gilt: Routine ist hilfreich und entlastet im Alltag. Doch achten Sie darauf, dass Sie nicht in Routine ersticken oder gar in die «Haben wir schon immer so gemacht»-Falle laufen, in die man gerade als alter Hase gelegentlich tappt. Seien Sie offen für neues Denken, bleiben Sie spannend für Ihre Mitarbeiter und gehen Sie auch mal neue Wege!

7. Kultur

Sie als Chef prägen ganz entscheidend die Kultur in Ihrem Unternehmen beziehungsweise in Ihrer Abteilung. Nicht ohne Grund heißt es: Wie der Herr, so's Gescherr. Entscheiden Sie sich daher ganz bewusst, welche Kultur Sie prägen wollen. Woran richten Sie Ihr Handeln aus? Wie lauten Ihre unumstößlichen Grundwerte?

Welcher Geist soll in Ihrem Unternehmen herrschen? Führungskräfte, die sich für eine Begeisterungskultur entscheiden, legen hohe Maßstäbe an den Umgang Ihres Unternehmens mit Kunden, und sie legen ebenso hohe Maßstäbe an ihren eigenen Umgang mit Mitarbeitern. Dabei genügt es nicht, ambitionierte Leitbilder zu entwerfen. Maßgeblich ist der gelebte Alltag. Wenn Sie Wert darauf legen, dass Ihre Mitarbeiter offen und freundlich auf Ihre Kunden zugehen und sich überdurchschnittlich engagieren, sollten Sie selbst ein Herz für Mitarbeiter und besondere Freundlichkeit beweisen. Mitarbeiter orientieren sich nicht allein daran, was ihnen ihr Chef sagt. Entscheidender ist, was er ihnen vorlebt.

Daneben ist auch in Sachen Kultur Konsequenz gefragt. Dazu gehört, dass Verhalten, das gegen den Unternehmensgeist verstößt, geahndet und nicht etwa toleriert wird. Verheerend ist beispielsweise, wenn die Unternehmensleitung eine Führungskraft einsetzt, die zwar hervorragende Zahlen bringt, dabei jedoch auf Druck oder sogar Intrigen setzt und so die Unternehmenskultur dauerhaft beschädigt. Das rächt sich irgendwann auch bei den Zahlen. Genauso schädlich wirkt es sich aus, wenn ein Vorgesetzter einen Mitarbeiter, der gegen Spielregeln verstößt, «um des lieben Friedens willen» gewähren lässt. Eine Begeisterungskultur ist ein ambitioniertes Projekt: langsam und in vielen kleinen Schritten aufgebaut und schnell zerstört. Kluge Führungskräfte reagieren daher kompromisslos, wenn gegen Grundwerte im Unternehmen verstoßen wird.

Außer mit den «7 K» arbeiten wir vom BegeisterungsLand mit Führungskräften intensiv an den «7 F»: Finden – Fördern – Fordern – Feedback – Fairness – Feuern – Feiern. Wer mein erstes Buch, «Das bunte Ei», gelesen hat, ist damit bereits vertraut. All diese Aspekte sind so zentral, dass Sie im Folgenden immer wieder Hinweise dazu finden werden.

Führungsideale und Führungswirklichkeit: Realistisch bleiben

«Auf eigentümliche Weise ist die Vorstellung in die Welt gekommen, Manager (…) müssten eine Kreuzung aus einem antiken Feldherrn, einem Nobelpreisträger für Physik und einem Fernsehshowmaster sein», spottet der renommierte Berater Fredmund Malik in seinem Bestseller «Führen – Leisten – Leben».[34] Auch wenn ich selbst lieber von Führungskräften oder «Leadern» spreche als von Managern, teile ich Maliks Kritik an überzogenen Erwartungen, an denen der Einzelne fast zwangsläufig scheitern muss.

Der Macher-Mythos

Viele Chefs folgen im Alltag einem unausgesprochenen «Macher-Mythos», den man in einem Satz so umschreiben könnte: Ein Chef muss alles können, alles wissen und am besten alles sofort lösen. In einer immer komplexeren Arbeitswelt und mit zunehmend «verdichteten» Aufgaben ist das schlicht unmöglich und führt im schlimmsten Fall geradewegs in den Burn-out. Ein Gruppenleiter mit einer überschaubaren Zahl von Mitarbeitern mag noch im Detail nachvollziehen können, was seine Leute tun. In der zweiten oder dritten Führungsebene funktioniert das nicht mehr. Und im Umgang mit Mitarbeitern erweist sich dieses Selbstbild häufig als schädlich, weil es Rückdelegationen vorprogrammiert und selbstständiges Handeln der Mitarbeiter hemmt. Götz Werner, Gründer der Drogeriekette dm, die für einen mitarbeiterorientierten Führungsstil und wachsende Umsätze in einem gnadenlosen Verdrängungsmarkt steht, sagt dazu:

«In den meisten Unternehmen ist das Meisterprinzip noch tief verankert. Das heißt: Der Chef ist Chef, weil er alles am besten weiß. Ich bin als Geschäftsführer aber nicht für alles verantwortlich, sondern für das Ganze. Dennoch wollen die Mitarbeiter von ihren Vorgesetzten vor allem Antworten hören. (…) ich habe mir irgendwann zum Ziel gesetzt, dass jeder, der mit einer Frage zu mir kommt, mit drei bis fünf Fragen wieder geht. Ein Unternehmen zu führen heißt heute nicht mehr, Menschen zu führen, sondern Bewusstsein zu schaffen. Das erreichen Sie nie mit einer Antwort, denn die beendet Bewusstsein sofort. Wenn der Chef hingegen eine Frage stellt, gehen die Mitarbeiter auf die Suche. Und je mehr Leute ich habe, die suchen und erneuern wollen, desto wettbewerbsfähiger werde ich.»[35]

Ein Macher-Chef hat auf alles eine Antwort. Eine versierte Führungskraft weiß, wann sie mit (Rück-)Fragen weiterkommt und dem Mitarbeiter mittelfristig den größeren Gefallen tut. Der Erfolgshotelier Klaus Kobjoll zielt in dieselbe Richtung, wenn er sagt: «Wer hilft, wo Fördern reicht, der schadet.»[36] Das ist ein grundlegend anderes Führungsverständnis als das, was unsere Väter noch erlebt und gelebt haben. Es verlangt von der Führungskraft, bei Bedarf in die Rolle des Coachs wechseln zu können und den Mitarbeiter seine Antworten selber finden zu lassen.

Der Chef als Coach

Wer schon einmal ein Coaching gemacht hat, weiß, dass ein guter Coach keine Antworten gibt, sondern vielmehr die richtigen Fragen stellt. Auf diese Weise unterstützt er sein Gegenüber (seinen «Coachee») dabei, selbst eine Lösung zu finden. Das erhöht die Wahrscheinlichkeit, dass die gefundene Lösung erstens zur Person passt und zweitens von dieser auch umgesetzt wird. Selbst gesetzte Ziele verfolgen wir in der Regel konsequenter als noch so gut gemeinte Ratschläge von außen. Das Schwierige am Coachen von Mitarbeitern ist der Rollenwechsel, den es Führungskräften abverlangt. In der Chefrolle würden Sie einem Mitarbeiter, der beispielsweise über eine zu hohe Arbeitsbelastung klagt, konkrete Hinweise geben, wie er das Ihrer Meinung nach ändern kann («Sie müssen halt Prioritäten setzen. Haben Sie schon mal daran gedacht, … zu tun? Oder wie wäre es mit …? Vielleicht sollten Sie ein Zeitmanagement-Seminar besuchen … Wie wäre das?»). In der Rolle eines Coachs spielen Sie den Ball zurück und gehen dem Problem mit Fragen auf den Grund:

- Seit wann ist das so?
- Welche Faktoren spielen dabei eine Rolle?
- Hat sich die Belastung in letzter Zeit verschärft? Wodurch?
- Wie würde es für Sie aussehen, wenn das Problem gelöst ist?
- Welche(n) Vorteil(e) hat das für Sie? Wie stellen Sie sich einen zufriedenstellenden Endzustand vor?
- Ist dieses Ziel realistisch?
- Wie können Sie das Ziel erreichen?
- Was könnten Zwischenschritte sein?
- Woran erkennen Sie, dass Sie Ihr Ziel erreicht haben?

Coaching ist eine nichthierarchische Gesprächsform; das ist für viele Führungskräfte ungewohnt und macht es ihnen schwer. Überdies läuft es der gewohnt schnellen Lösungsfindung im hektischen Alltag zuwider. Der Nutzen für Sie als Führungskraft liegt darin, dass Sie Ihren Mitarbeitern die Möglichkeit eröffnen, sich weiterzuentwickeln und selbstständiger zu werden – etwas, was sich die meisten Chefs in Gesprächen ausdrücklich wünschen! Wenn es Ihnen auch so geht, lohnt sich die zeitliche Investition. Einem Rückfall ins cheftypische Machertum kann ein Ortswechsel vorbeugen: Versuchen Sie besser erst gar nicht, hinter Ihrem Schreibtisch zu coachen, wählen Sie einen neutralen Ort, an dem Sie Ihrem Mitarbeiter auf Augenhöhe begegnen. Auch eine Karteikarte, auf der Sie sich selbst vor typischen Fallstricken warnen, kann hilfreich sein. Darauf könnte beispielsweise stehen:

- Keine eigenen Einschätzungen der Lage!
- Keine Ratschläge!
- Keine Lösungsvorschläge!
- Keine Anweisungen!

Dass der Chef ihnen aufmerksam zuhört und sich Zeit für sie nimmt, ist für viele Mitarbeiter schon ein erster Grund zur BeGEISTerung. Für Sie als Führungskraft lohnt es sich doppelt, weil Sie sich mittelfristig dadurch entlasten.

Ihr Führungsverständnis

Überprüfen Sie einmal Ihr eigenes Führungsverständnis. Im Folgenden habe ich einige verbreitete Führungsmythen aufgelistet. Welchen stimmen Sie ganz spontan zu? Welche anderen prägen unter Umständen Ihr Führungshandeln? Sind diese im Alltag tatsächlich hilfreich?

Ihr Führungsverständnis Welchen Glaubenssätzen stimmen Sie spontan zu? Welche anderen Glaubenssätze bestimmen Ihr Handeln?	Stimme zu
Ein Vorgesetzter sollte mehr wissen als seine Mitarbeiter.	☐
Ein guter Chef hat bei drängenden Problemen sofort eine Lösung parat.	☐
Wichtige Entscheidungen ein paar Tage zu vertagen, um sich klarer zu werden, ist ein Zeichen von Führungsschwäche.	☐
Es ist nicht gut, wenn Mitarbeiter mitbekommen, dass ihr Chef Fehler macht.	☐
Ein guter Chef vermeidet es, Schwächen zu zeigen.	☐
____________________ ____________________	☐

Sieht man sie schwarz auf weiß vor sich, offenbart sich der überzogene Anspruch mancher Überzeugungen. Unfehlbar ist allenfalls der Papst, und selbst daran sind unabhängigen Geistern inzwischen Zweifel gekommen. Auch Ihre Vorbildrolle als Chef bedeutet weder, dass Ihre eigene Art der Problemlösung das Maß aller Dinge und auch für jeden Mitarbeiter die richtige ist, noch, dass Sie sich selbst keinerlei Schnitzer erlauben dürften. Darauf weist auch Reinhard K. Sprenger in einem Beitrag für das «Manager Magazin» hin, in dem er vor «Infantilisierung als Führungsprinzip» durch die Betonung der Vorbildfunktion von Vorgesetzten warnt.[37] Mitarbeiter sollen nicht nachmachen, sondern ihren eigenen Weg finden dürfen. Als «Vorbild» sind Sie dagegen immer dann gefragt, wenn es um grundlegende Werte und Fragen des Unternehmensgeistes geht. Und dazu gehört in einer Begeisterungskultur auch, dass ein Vorgesetzter Fehler zugeben kann, dass er nicht Wasser predigt und selbst Wein trinkt und dass er auch selbst Verhalten vermeidet, das gegen den angestrebten und offiziell propagierten Geist verstößt.

«Berufskrankheiten» von Vorgesetzten

Jeder Beruf prägt, das gilt auch für Führungspositionen. Viele «Berufskrankheiten» von Chefs hängen mit dem Machermythos zusammen. Dazu gehört beispielsweise das «My-Way-Syndrom» – mach es so wie ich, und du machst es richtig! (Sie kennen vielleicht den alten Sinatra-Hit, dessen Refrain stolz verkündet: «I did it my way!») Mitarbeitern ohne Rücksicht auf Person und individuelle Stärken eigene Vorgehensweisen überstülpen zu wollen, kann nur schiefgehen. Daraus resultiert nicht selten das, was wir bei STRUPAT.KundenBegeisterung! salopp als «Entchen rücken» bezeichnen. Hintergrund ist ein Vorfall bei einem meiner Einzelhandelskunden: Eine Mitarbeiterin hat den Auftrag erhalten, eine Osterdekoration aufzubauen. Als sie damit fertig ist, nimmt die Abteilungsleiterin das

Ganze in Augenschein. Noch während die Vorgesetzte die Dekoration lobt («Sehr schön, Frau Soundso. Sieht klasse aus»), beginnt sie, hier und da Kleinigkeiten zu verändern, an einem Blütenzweig zu zupfen und einige Entchen jeweils um ein oder zwei Zentimeter zu verrücken. Die Mitarbeiterin steht betreten daneben. Was ankommt, ist nicht das verbale Lob, sondern die nonverbale Botschaft: Ich selbst hätte es noch ein bisschen besser gekonnt! Hand aufs Herz: Wie oft haben Sie selbst schon Entchen gerückt? War die Veränderung wirklich so lohnend, dass sie die Demotivierung des verantwortlichen Mitarbeiters aufwog?

Auch Delegationsscheu wurzelt häufig im «My-Way-Syndrom» – wenn ich es selbst mache, wird es am allerbesten. Das mag im Einzelfall sogar stimmen, kann jedoch verheerende Folgen haben, wenn die Führungskraft über nachrangigen (Lieblings-)Aufgaben das große Ganze aus dem Auge verliert. Das ist etwa so, wie wenn der Kapitän eines Öltankers sich mit den Hygienestandards in der Bordküche beschäftigt, während sein voll betankter Kahn gerade auf ein Korallenriff zutreibt. Haben Mitarbeiter zudem erst einmal den Eindruck, der Chef möchte überall das letzte Wort behalten, sind Rückdelegationen Tür und Tor geöffnet. Es wird nahezu unmöglich, Aufgaben komplett zu übergeben, weil Mitarbeiter zwischendurch immer wieder mit Fragen in Ihrem Büro auftauchen, wie sie dies oder jenes genau handhaben sollen. Ausweg aus diesem Dilemma ist eine simple Rückfrage: «Was schlagen Sie denn vor?»

«Chefs, die nicht bereit sind, ihren Mitarbeitern Freiräume zuzugestehen, können als Gegenleistung auch kein verantwortungsbewusstes Handeln erwarten», meinen Anja Förster und Peter Kreuz dazu lapidar.[38] Wer Eigenverantwortung will, muss Freiheit gewähren. Sind Sie optimistisch genug, dieses Risiko einzugehen? (→ www.dereiertanz.de)

Zwei weitere Chefkrankheiten haben Sie im Laufe Ihres Berufslebens vielleicht auch schon beobachtet: «Chefbrille» und «Erziehungswahn». Wenn es um Mitarbeiterverhalten geht, ist die typische Chefbrille nicht etwa optimistisch rosa, sondern sie gleicht der Lupe eines kritischen Materialprüfers: Alles, was in Ordnung oder sogar hervorragend ist, wird stillschweigend hingenommen, doch die fünf Prozent, die nicht klappen oder suboptimal sind, werden gnadenlos ans Tageslicht gezerrt und ausführlich begutachtet. Der arme Herr Meier arbeitet wochenlang unauffällig und fehlerfrei vor sich hin. Dann unterläuft ihm ein Patzer. Flugs zückt sein Chef die Kritikbrille und betreibt gnadenlos Ursachenforschung: «Wie konnte Ihnen das bloß passieren, Herr Meier!?» Wenn der Fehler überhaupt so gravierend ist, dass er ausführlich thematisiert werden muss, wäre eine andere Frage viel zielführender: «Wie werden Sie sicherstellen, dass sich das in Zukunft nicht wiederholt, Herr Meier?»

Mit «Erziehungswahn» schließlich meine ich die Vorstellung, Mitarbeiter ummodeln und «ändern» zu können, damit sie besser zum Unternehmen, zur Aufgabe oder auch zu eigenen Vorstellungen passen. Paradoxerweise verlangen wir damit von anderen etwas («Ändere dich!»), zu dem wir selbst kaum bereit sind. Psychologen sind sich einig, dass spätestens im jungen Erwachsenenalter die Persönlichkeit so gefestigt ist, dass sich ein Mensch nicht mehr grundlegend verändert. Er kann bis zum Tod neue Kenntnisse erwerben, er kann sich bis zu einem gewissen Grad auch neue Verhaltensweisen aneignen, seine Persönlichkeitszüge werden sich jedoch nicht mehr grundlegend wandeln. Das geschieht im Erwachsenenalter allenfalls unter enormem Leidensdruck, etwa durch existenzielle Krisenerfahrungen (schwere Krankheiten, Verlust naher Angehöriger). «Aus einem Ackergaul kann man kein Rennpferd machen», heißt es im Vertrieb beispielsweise, wenn jemand die für einen guten Verkäufer wichtigen Persönlichkeitseigenschaften (sicheres Auftreten, Gespür für Menschen, Eloquenz) nicht mitbringt. Dennoch wird in der Unternehmenspraxis nicht selten versucht, ein Rennpferd vor den Pflug zu spannen oder umgekehrt einen Ackergaul wieder und wieder über die Rennbahn zu scheuchen, in der Hoffnung, dass er irgendwann schneller rennt.

Erfolgsmodell «Stärkenorientiertes Führen»

In jüngster Zeit ist das «stärkenorientierte Führen» in den Blickpunkt der Führungslehre gerückt.[39] Der Ansatz propagiert, was erfolgreiche Führungskräfte schon lange wissen: Es kommt vor allem darauf an, die richtigen Leute am richtigen Platz zu haben und ihre Stärken zu fördern, statt fruchtlos an Schwächen herumzudoktern. Auch mit viel Renntraining wird ein Ackergaul allenfalls ein bisschen schneller. Und auch mit viel Muskeltraining bleibt das Rennpferd auf dem Acker eine schlechte Hilfe. Bestleistungen erbringen beide nur, wenn man sie auf ihren angestammten Gebieten einsetzt und fördert. Wenn Frau Müller in der Buchhaltung zwar ein ausgesprochen netter und kommunikativer Mensch ist, Sie durch zahlreiche Flüchtigkeitsfehler jedoch zur Verzweiflung treibt, haben Sie auf Dauer nur zwei Möglichkeiten: Entweder Sie finden einen Platz im Unternehmen, an dem Frau Müller Kontaktstärke einsetzen kann (im Kundenservice, am Empfang ...) – oder Sie trennen sich von ihr.

Aus diesem Grund lohnt es sich, bei der Auswahl neuer Mitarbeiter genauer hinzuschauen und lieber etwas mehr Zeit zu investieren, als hinterher für Fehlentscheidungen zu büßen. Wie Sie bei der Rekrutierung auf Nummer sicher gehen, vom ausführlichen Vorstellungsgespräch über praxisorientierte Auswahltests bis zur Probearbeit, lesen Sie im Kapitel 5. Im Arbeitsalltag begeistern Führungskräfte, die einen Blick für die Stärken ihrer Mitarbeiter entwickeln und ihre Leute darin unterstützen, ihre Stärken zu entdecken und zu entwickeln. Erstaunlicherweise kommen Menschen häufig ins Grübeln, wenn sie nach ihren Stärken gefragt werden, während ihnen Schwächen spontan und ohne Probleme einfallen. Möglicherweise liegt das an der Schwächenfokussierung in Schule und Ausbildung, wo das Augenmerk über Jahre eher den Fehlern, dem, was nicht klappt, gilt. Ein Kind lernt nicht, sich über tolle Leistungen in Sport und Deutsch zu freuen, sondern das Gespräch kreist dauernd um die schlechte Mathenote. Aus dieser Falle führen im Mitarbeitercoaching neue Fragestellungen. Statt zu fragen: «Wo liegen Ihre Stärken?» oder: «Was können Sie besonders gut?», könnten Sie auch fragen:

- «Was geht Ihnen im Alltag besonders leicht von der Hand?»
- «Was können Sie schneller und besser als viele Ihrer Kollegen?»
- «Gibt es Aufgaben/Tätigkeiten, über denen Sie die Zeit vergessen, weil sie Ihnen so viel Spaß machen?»
- «Von welchen Aufgaben wünschen Sie sich mehr im Arbeitsalltag? Was würden Sie am liebsten gar nicht tun (müssen)?»

Übrigens: Die Frage nach den persönlichen Stärken betrifft natürlich auch Sie selbst! Der reflektierte Blick auf die eigene Person führt im besten Fall dazu, dass Sie Ihre Stärken sehr gezielt einsetzen und sich ebenso gezielt mit Mitarbeitern umgeben, die dort stark sind, wo Sie sich eher zurücknehmen. Und das wiederum beugt einer weiteren «Berufskrankheit» vor: der ebenso verständlichen wie gefährlichen Neigung, sich vorwiegend mit Menschen zu umgeben, die ähnlich «ticken» wie man selbst. Fatalerweise sind einem solche Menschen meist spontan sympathisch. Doch eine gute Crew lebt nicht zuletzt von einer gesunden Mischung der Charaktere!

Erfolgsbeispiel EDEKA Wehrmann: «Erlebbare Herzlichkeit»

«Menschen vergessen, was du gesagt und getan hast. Wie sie sich bei dir gefühlt haben, vergessen sie nie» – so das Credo bei EDEKA Wehrmann. Auf die wichtige Rolle von Gefühlen, Emotionen reagiert man dort durch gelebte Herzlichkeit. In und um Hiddenhausen in Ostwestfalen führen Peter Wehrmann und sein Geschäftsführer Wilhelm Bischoff fünf Lebensmittelmärkte mit über 350 Beschäftigten. Das Herz führen diese Märkte bereits im Firmenlogo; in der Unternehmensvision heißt es: «Unsere erlebbare Herzlichkeit spürt jeder, macht uns unverwechselbar und berühmt.»

Peter Wehrmann ist überzeugt davon, dass gelebte Mitarbeiter-Begeisterung in kaum einer anderen Branche so wichtig ist wie im Handel. Wer der Austauschbarkeit entgehen und seine Kunden im harten Wettbewerb überzeugen will, schafft das nur mit exzellentem Service. Und wer Mitarbeiter angesichts immer längerer Öffnungszeiten, gestiegener Kundenansprüche und vielfältiger Aufgaben für den Einzelhandel begeistern will, muss für den richtigen Unternehmensgeist sorgen. Als Erstes verweist Peter Wehrmann in diesem Zusammenhang auf eine sorgfältige Auswahl der Führungskräfte: «Alle Führungskräfte bei EDEKA Wehrmann ‹menscheln› und haben eine hohe soziale Kompetenz.» Chefs und Chefinnen, die mit Menschen umgehen können, braucht es auch, denn Kommunikation wird im Unternehmen großgeschrieben. In den sogenannten «Präsidentschaftssitzungen», wo sich die Verantwortlichen aller Abteilungen von der Bedienung über die Kasse bis hin zur Reinigung treffen, tauscht man sich regelmäßig zu verschiedenen Themen aus. Dabei geht es darum, von den anderen Abteilungen zu lernen und so das gesamte Team zu bereichern. Regelmäßige Mitarbeiterbefragungen und ein individuelles Ideenmanagement sorgen ebenso für offenen Austausch wie die Tatsache, dass Umsätze und Ergebnisse der Abteilung wie auch des Unternehmens insgesamt für jedermann zugänglich sind. «Wir fahren eine Politik der Transparenz und beziehen damit jeden einzelnen Mitarbeiter in die Verantwortung für den Betrieb mit ein», so Peter Wehrmann.

Auszubildende werden gezielt an die Hand genommen und erhalten auf der Basis von Wochen- und Monatsberichten konkretes

Feedback. Die Berichte der Azubis werden mit dem Abteilungs- und dem Marktleiter persönlich besprochen und mit Kommentaren versehen. Dieses «Audienz beim Chef» genannte Feedback zeigt deutlich, dass die Azubis große Wertschätzung und Anerkennung erfahren, statt lediglich kontrolliert zu werden. Doch nicht nur durch diese Berichte sind Peter Wehrmann und sein Führungsteam für den Nachwuchs präsent: Innerhalb der viermonatigen Probezeit führt die Geschäftsleitung mit jedem Auszubildenden drei persönliche Gespräche. Außerdem fühlt man sich für die Persönlichkeitsbildung der jungen Mitarbeiter verantwortlich. Dazu veranstaltet man nicht nur regelmäßige interne Seminare, in denen es beispielsweise um Kommunikation und Etikette geht. Einmal im Jahr geht es unter dem Thema «Du bist der Architekt deines Lebens» gemeinsam in ein Kloster. Hier sollen die Teilnehmer erfahren, dass sie ihr Leben selbst gestalten können. Die Tagungsinhalte reichen von «Echte Dankbarkeit zeigen und spüren» bis Ziel- und Zeitplanung. Dabei ist die Geschäftsleitung selbstverständlich mit von der Partie, ebenso bei den abteilungsübergreifenden «Trendscout-Reisen» im In- und Ausland. So wird der Austausch zwischen Auszubildenden, dem eingespielten Team und der Geschäftsleitung weiter gefördert und ausgebaut. «Wann immer möglich mit den Mitarbeitern reden!», so lautet eines der Wehrmann-Erfolgsrezepte. Um das zu fördern, gilt bei Wehrmann seit 2009: Alle duzen sich, auch der Azubi den Chef. Außerdem kennt jeder die Handynummern der beiden Geschäftsführer, und die wird in dringenden Angelegenheiten auch tatsächlich genutzt.

Bei Wehrmann geht man viele Wege, um Mitarbeitern wertschätzend zu begegnen. Dazu gehört die Azubi-Party schon vor Beginn der Ausbildung oder die mit einem Einkaufsgutschein verbundene Einladung an die Eltern, sich von ihren Kindern nach den ersten Monaten einmal durch «ihren» Markt führen zu lassen. Dazu gehört auch der «Mitarbeiter der Woche», der mit Blumenstrauß, «Liebesbrief» und Urkunde unter dem Applaus der Kollegen gekürt wird und für eine Woche ein Cabrio gestellt bekommt. Und schließlich hat jeder Abteilungsleiter ein «Motivationsbudget» zur Verfügung, das er für kleine Gesten an sein Team nutzen kann.

Peter Wehrmann ist überzeugt davon, dass es sich auswirkt, wenn man den Menschen, mit denen man arbeitet, respektvoll und wertschätzend begegnet. Der Erfolg gibt ihm recht: EDEKA Wehrmann wurde 2010 bereits zum dritten Mal von der Initiative «Top Job» als einer der besten Arbeitgeber im Mittelstand ausgezeichnet und ebenfalls mehrfach von der Fachzeitschrift «Lebensmittelpraxis» zum «Besten Ausbilder» gekürt. Außerdem fährt das Unternehmen eine überdurchschnittliche Umsatzrendite ein.

EieRtaNz: Nur wenn es Ihnen gut geht, klappt BeGEISTerung

Ein ausgeglichener Kapitän, der seine Crew souverän führt, ist die beste Voraussetzung für den gemeinsamen Erfolg. Nur wenn es Ihnen gut geht, können Sie Ihre Mitarbeiter begeistern! Ich weiß, dass das angesichts der Aufgabenfülle in den Chefetagen ein echter Eiertanz ist: Viele Unternehmer und Führungskräfte reiben sich an der Vielzahl ihrer Aufgaben förmlich auf. Als die Essener Hochschule für Oekonomie & Management (FOM) vor einigen Jahren Manager nach ihrer Arbeitsbelastung fragte, führten Geschäftsführer und Selbstständige das Feld mit durchschnittlich 52 Arbeitsstunden pro Woche an; Angestellte mit Personalverantwortung kamen im Schnitt auf 48 Stunden.[40] Freizeit und Familie kommen dabei unweigerlich zu kurz; und in wirtschaftlich schwierigen Zeiten steigt der Druck noch einmal. Magazine warten denn auch regelmäßig mit Artikeln zum Thema «Burn-out» auf. Die angesehene «Frankfurter Allgemeine Sonntagszeitung» titelte im Dezember

2008 sogar: «Cola, Koks und Ritalin. Wie die Deutschen sich im Büro dopen».[41]

Wie halten Sie die Balance? Wie sorgen Sie dafür, dass es Ihnen gut geht? Patentrezepte gibt es keine. Sicher ist jedoch: Die erste Führungsaufgabe jeder Führungskraft ist es, sich selbst zu führen. Dazu gehört, so zu arbeiten (und zu leben!), dass die eigene Leistungsfähigkeit auf Dauer erhalten bleibt. Dr. Hubert Buschmann, Chefarzt der Suchtklinik in Tönisstein und einer der Mediziner, die die zitierte Sonntagszeitung befragte, nennt als wichtigste Lektion für seine Patienten: «lernen, die eigenen Grenzen zu akzeptieren». In vielen Aufgabenbereichen ist kaum je «alles» zu schaffen; und die Frage «Was können wir weglassen?» ist eine der wichtigsten, die man sich im Arbeitsalltag regelmäßig stellen sollte (siehe oben, Seite 69). Sinnvolle Konsequenz solcher Überlegungen kann sein, sich durch eine echte Assistenz wirkungsvoll zu entlasten. Dafür muss man die richtige Person finden – und dann auch Aufgaben loslassen können!

Sich selbst bewusst Grenzen zu setzen und gezielt für Ausgleich zu sorgen, bleibt für viele Führungskräfte eine stetige Herausforderung. Jeder muss hier Lösungen entwickeln, die zur eigenen Person und zur eigenen Situation passen. Manche Chefs halten konsequent bestimmte Zeiten arbeitsfrei, etwa den Sonntag, der der Familie gehört. Für andere ist das gemeinsame Abendessen mit der Familie «heilig». Rituale helfen, weil sie vor sich selbst und anderen leichter zu verteidigen sind als Einzelaktionen. Achten Sie auf Pausen. Ein kurzer Spaziergang in der Mittagspause wird Ihr Tagespensum nicht ernsthaft gefährden, kann in Sachen Konzentration jedoch Wunder wirken. Und falls Sie das «banal» finden sollten: Warum setzen Sie es dann nicht um? (→ www.dereiertanz.de)

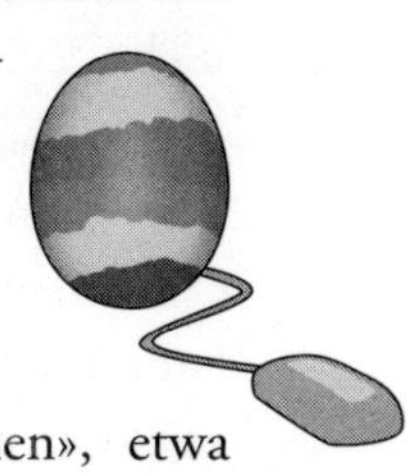

Übrigens: Auch Unternehmen können «ausbrennen», etwa durch permanente Veränderungsprozesse oder übereifriges Anzetteln einer Vielzahl neuer Projekte, deren Nutzen kaum hinterfragt wird und die gar nicht alle sinnvoll zu Ende geführt werden können. Darauf weisen Heike von Bruch und Jochen I. Menges in einem lesenswerten Artikel des «Harvard Business Manager» hin. Dies kann dazu führen, dass Mitarbeiter ihr Engagement frustriert herunterfahren oder sich ausgebeutet fühlen. Das beste Gegenmittel aus Sicht der Autoren ist dasselbe wie bei Einzelnen – die Frage «Was können wir weglassen?». So schlagen sie beispielsweise vor, Mitarbeiter gezielt nach Vorschlägen zu fragen, welche Projekte gestrichen werden können.[42]

Für den Einzelnen gilt: Im Vorteil ist, wer ein Hobby mit BeGEISTerung verfolgt, das echten Ausgleich bietet. Wer regelmäßig segelt, reitet oder schon vor dem Büro mehrmals pro Woche läuft, gewinnt Distanz und sorgt für mehr Ausgeglichenheit. Tun Sie etwas, das Ihnen wirklich Freude macht und das absolut nichts mit Ihrer Arbeit zu tun hat! Das ist der beste Schutz dagegen, vom Beruf völlig aufgefressen zu werden – und in Zeiten, in denen die Arbeit dank Blackberry, iPhone und World Wide Web selbst in die Ferien mitreist, nötiger denn je. Dank dieser technischen Möglichkeiten ist die Gefahr, zum arbeitssüchtigen Workaholic zu werden, heute größer denn je zuvor. Verabschieden Sie sich von der Vorstellung, dass Sie «immer» erreichbar sein müssen und «immer» gebraucht werden. Das schmeichelt vielleicht dem Ego, ist nüchtern betrachtet jedoch eine Bankrotterklärung in Sachen Mitarbeiterführung. Wenn der Laden nicht einmal ein paar Tage ohne Sie läuft, stimmt irgendetwas nicht.

Zur Selbstführung gehört daneben der klare Blick auf die eigene Person mit ihren Stärken und Schwachpunkten. Wer weiß, in welche Fallen er immer wieder läuft, kann besser damit umgehen. Es kann beispielsweise Anlass sein, bei der Mitarbeiterauswahl eigene Stärken gezielt zu ergänzen. Wenn Sie selbst schnell für Neues zu begeistern sind und gern in vielen verschiedenen Pötten gleichzeitig

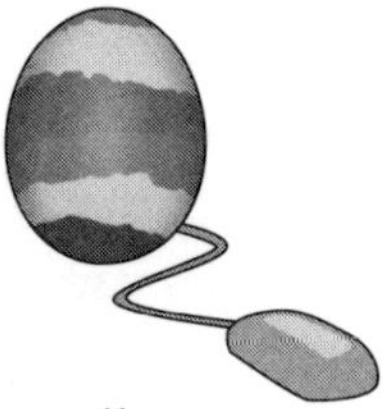

rühren, tun Sie sich mit einem planvollen Organisationstalent an Ihrer Seite einen größeren Gefallen als mit einem Assistenten, der genauso tickt wie Sie und mit dem Sie gemeinsam im kreativen Chaos enden. (→ www.dereiertanz.de)

Machen Sie sich klar, was «Führen» bedeutet und vor allem: was es speziell *für Sie* bedeutet. Mit welchem Menschenbild und mit welcher Führungsauffassung sind Sie gestartet? Investieren Sie genügend Vertrauen und Optimismus in Ihre Mitarbeiter – oder machen Sie sich durch Misstrauen und Erbsenzählerei das Leben unnötig schwer? «Was kostet mich meine Art zu denken?», lautet eine der Schlüsselfragen, die der Psychologe und Managementberater Jens Corssen seinen Klienten mit auf den Weg gibt.[43] Wer es schafft, hin und wieder einen Schritt zurückzutreten und sich diese Frage ernsthaft zu stellen, lernt, mit herausfordernden Situationen anders umzugehen. Dabei helfen Menschen, die einem noch ungeschminkt die Wahrheit sagen und an denen auf den Teppichetagen der Unternehmen chronischer Mangel herrscht. Haben Sie einen solchen Menschen in Ihrer Umgebung? Das kann ein langjähriger Freund, Ihr Partner oder Ihre Partnerin oder auch ein professioneller Coach sein.

Nehmen Sie die Führungsrolle bewusst an, es ist eine der spannendsten, die das Leben zu bieten hat! Nach diesem Kapitel wird Ihnen klar sein: Ins «Kapitänspatent» für diese Rolle gehören keine komplizierten Theorien. Wichtig sind ein paar entscheidende Grundsätze – die Sie gern durch Ihre persönlichen Führungs-Basics ergänzen können (Seite 100).

Das «Kapitänspatent» für Führungskräfte

1. Erkenne dich selbst (Bewusstsein der eigenen Stärken und Schwächen).
2. Sei bereit, dich auf Menschen einzulassen. Übe dich im Zuhören.
3. Schere nicht alle Menschen über einen Kamm.
4. Sei authentisch.
5. Bleib spannend. Überrasche deine Mitarbeiter gelegentlich.
6. Lobe! (Und kritisiere, wenn nötig, jedoch immer konkret.)
7. Sag klar, was du willst und erwartest.
8. Stehe zu eigenen Fehlern. Entschuldige dich.
9. Schenke Vertrauen, wenn du willst, dass man dir vertraut.
10. Triff Entscheidungen, auch unpopuläre.

11. ______________________________

____

12. ______________________________

____

13. ______________________________

____

14. ______________________________

____

Fürs Logbuch

- Ein guter (Unternehmens-)Kapitän ist mehr als ein Manager: Er fühlt sich für seine Mannschaft verantwortlich und geht ihr souverän voran.
- Wer nichts über seine Crew weiß, kann sie auch nicht begeistern. Wie gut kennen Sie Ihre Mitarbeiter?
- Optimismus spornt an, Pessimismus bremst aus. Trauen Sie Ihren Leuten etwas zu! Kein kluger Seefahrer segelt mit einer Crew los, der er misstraut.
- Erfolgreiche Führung basiert auf einer überschaubaren Zahl von Grundsätzen. Entscheidend sind die «7 K» – Kommunikation, Konsequenz, Konzentration, Klarheit, Kontrolle, Kreativität, Kultur.
- Klare Ansagen sind der beste Weg zum Erfolg. Ihre Matrosen wollen wissen, woran sie bei Ihnen sind.
- Sorgen Sie dafür, dass Sie die richtigen Leute am richtigen Platz haben. Wenn in der Kombüse ein Technikfreak werkelt und im Maschinenraum ein Philosoph, wird die Reise kein Vergnügen.
- Verabschieden Sie sich vom Machermythos. Sie müssen nicht auf alles sofort eine Antwort wissen. Versetzen Sie lieber Ihre Leute in die Lage, selbst Antworten zu finden.
- Nur wenn der Kapitän mit sich im Reinen ist, kann er sein Schiff auf Dauer erfolgreich steuern. Zur Führung gehört auch Selbstführung! Sorgen Sie also dafür, dass es Ihnen gut geht.

«Wer nicht auf das Kleine schaut, scheitert am Großen.»
(Laotse, chinesischer Philosoph, 3./4. Jh. v. Chr.)

4. Die Magie der kleinen Dinge – Warum der Alltag der wichtigste Tag ist

Es gibt kaum ein anderes Schiffsunglück, das sich in den Köpfen der Menschen so sehr festgesetzt hat wie der Untergang der «Titanic». Auch rund hundert Jahre nachdem der Luxusliner der britischen Reederei White Star Line auf seiner Jungfernfahrt im Eismeer versank, weiß fast jeder, was im April 1912 passierte. Neben der hohen Zahl von Opfern sind vermutlich die schwer fassbaren Begleitumstände der Katastrophe dafür verantwortlich: Die «Titanic» kollidierte in ruhigem Gewässer in einer klaren Mondnacht und trotz zahlreicher Eiswarnungen mit einem Eisberg. Das angeblich «unsinkbare» Schiff sank binnen drei Stunden, etwa 1500 Menschen starben.

Um die Ursachen ranken sich wilde Spekulationen. Sicher ist jedoch, dass es in den Tagen vor dem Unglück über ein Dutzend warnende Telegramme anderer Schiffe gibt, die ebenfalls im Nordatlantik unterwegs sind und Eisberge gesichtet haben. Allerdings sind die Funker der «Titanic» wegen zahlreicher privater Telegramme überlastet, sodass nur ein Teil der Warnungen es bis auf die Brücke schafft. Dort hängen die Nachrichten weitgehend unbeachtet am Schwarzen Brett. Auf der Brücke halten zwei Offiziere Ausschau nach Eisbergen – allerdings ohne Ferngläser. Ob diese in Southampton vergessen oder an

Bord verlegt wurden, ist umstritten. Auch der Glaube von Offizieren oder dem Kapitän, man könne «Eis riechen», soll Gerüchten zufolge eine Rolle gespielt haben. Das modernste und technisch perfekteste Schiff seiner Zeit versinkt also gurgelnd im Meer, weil Meldungen nicht gelesen und Ferngläser nicht benutzt werden. Wer nicht auf das Kleine achtet, scheitert am Großen. Das gilt auch im Unternehmen: Wenn die vermeintlich «kleinen» Dinge des Alltags nicht stimmen, nützen visionäre Höhenflüge in Sachen Zusammenhalt und BeGEISTerung wenig. Eine Begeisterungskultur ist die Summe vieler vermeintlicher «Kleinigkeiten».

So füllen Sie den Geist Ihres Unternehmens mit Leben

Den Geist eines Unternehmens kann man nicht verordnen – jedoch definieren. Er muss wachsen, von den Führungskräften vorgelebt und von den Mitarbeitern mitgetragen werden. Geist äußert sich im Tun, im täglichen Handeln, nicht in schönen Leitbildern. Darin, wie man bestimmte Dinge handhabt und wie eben nicht. Darin, welche Verhaltensweisen geduldet und welche geächtet werden. Darin, wer im Unternehmen weiterkommt und wer rasch wieder draußen ist. In meinem ersten Buch zum Thema KundenBegeisterung («Das bunte Ei») habe ich von «Momenten der Wahrheit» gesprochen, in denen sich entscheidet, ob ein Kunde zum Fan des Unternehmens wird oder ob er zum Mitbewerber abwandert. Dazu zählen alle Kundenkontaktpunkte von der Begrüßung über Verkauf und Beratung, Telefonate, Verabschiedung bis zum Verhalten bei Reklamationen. Auch im Umgang mit Mitarbeitern gibt es zahlreiche solcher Wahrheitsmomente, in denen Sie Mitarbeiter entweder überzeugen, für sich gewinnen, begeistern oder kaltlassen, ernüchtern oder frustrieren können. Betrachten Sie dieses Kapitel als Ideenkiste für Ihre eigene MitarbeiterBegeisterungsStrategie. Suchen Sie sich das heraus, was zu Ihnen, zu Ihrem Unternehmen und zu Ihrer Branche passt. Dabei nehme ich den Unternehmensalltag unter zwei Gesichtspunkten unter die Lupe:

1. Wie können Sie das, was jedes Unternehmen tut, anders und mitarbeiterfreundlicher gestalten? Das beginnt bei der Arbeitsplatzausstattung und hört bei Weiterbildung noch lange nicht auf.
2. Was können Sie außerdem tun, um Ihre Mitarbeiter im Alltag positiv zu überraschen? Welche zusätzlichen Begeisterungsmomente können Sie bieten?

Kurz: Wie können Sie Dinge *anders tun* und wie können Sie *andere Dinge* tun? Sie werden sehen, dass Sie dafür weder ein Riesenbudget einplanen noch Ihre Firma völlig umkrempeln müssen. Es sind überwiegend die kleinen Dinge, die die entscheidenden Zeichen setzen. Denn für KundenBegeisterung wie für MitarbeiterBegeisterung gilt: Werden Sie Weltmeister in Kleinigkeiten!

Begeisterungsstrategie 1: Die Dinge anders tun

Abschiede, erste Tage, Weihnachtsfeiern und vieles mehr – das gibt es in jedem Unternehmen. Doch es kommt drauf an, was man draus macht. Im Folgenden Tipps von A bis Z, wie Sie «**a**ngenehm **a**uffallend **a**nders **a**ls **a**lle **a**nderen» sein können – diese sechs A weisen den Weg!

Abschied

Wie verabschieden Sie Mitarbeiter, die gekündigt haben oder denen gekündigt werden musste? Mit gekränkter Eitelkeit und einem flüchtigen Händedruck? Oder mit echtem Bedauern und guten Wünschen für die Zukunft? Viele Vorgesetzte reagieren auf Eigenkündigungen wie die sprichwörtliche beleidigte Leberwurst. Dabei würde das Unternehmen von einem offenen Gespräch zum Abschied möglicherweise sehr profitieren und nützliche Hinweise auf Schwachpunkte bekommen. Wenn es Vorstellungsgespräche gibt, warum dann nicht auch Ausstiegsgespräche? Viele Unternehmen führen inzwischen solche «Exit-Interviews», für die eine neutrale Person (etwa ein externer Berater) eine bessere Besetzung sein kann als der zukünftige Ex-Chef. Für Sie als Vorgesetzten gilt: So sehr es schmerzt, einen guten Mitarbeiter zu verlieren, denken Sie immer daran, dass andere zuschauen, wie Sie mit jemandem umgehen, der sich jahrelang fürs Unternehmen engagiert hat. Wenn Sie es nicht übers Herz bringen, diesen Menschen abschließend zu würdigen, brüskieren Sie womöglich dreißig weitere. «Siehst du, als Person zählt du hier eben doch nix», kommt dort als Botschaft an. Alternativen: Machen Sie ein Abschiedsgeschenk. Richten Sie einen kleinen Umtrunk aus. Sprechen Sie ein paar Dankesworte, mit denen Sie die Leistung des Ausscheidenden noch einmal würdigen. Präsentieren Sie das Unternehmen noch einmal von seiner besten Seite. Es kommt gar nicht so selten vor, dass Abwanderer zurückkehren.

Arbeitsplatzausstattung

Die Mitarbeiter sind Ihr «höchstes Gut»? Dann sitzt dieses Gut sicherlich nicht auf uralten Bürostühlen, es muss sich nicht mit veralteter Software herumplagen, und es wird auch nicht mit kaputtem Werkzeug auf die Baustelle geschickt. Wie Sie Mitarbeiter begeistern: Gesundheitsaktionen, die auf ergonomisch gestaltete Arbeitsplätze zielen, Rücksicht auf Mitarbeiterwünsche, Einbeziehung der Mitarbeiter in Neuausrüstung: Was brauchen Mitarbeiter, um ihre Arbeit möglichst gut zu tun? Wertschätzung drückt sich auch (wenn auch bei Weitem nicht nur) darin aus, was Ihnen Ihre Mitarbeiter «wert» sind. Auch die Einrichtung von Pausenraum oder Kaffee-Ecke spricht Bände. Dabei geht es nicht um teure Möbel oder aufwendiges Design. Auch mit schmalem Budget kann man für ein freundliches Ambiente sorgen. Damit eine Mannschaft zusammenwachsen kann, sollte sie sich austauschen können. Ein angenehmer Treffpunkt im Unternehmen fördert das.

Erfolge

Wie werden bei Ihnen Erfolge gefeiert? Falls Sie gerade stutzen, möglicherweise gar nicht. Mit «feiern» meine ich damit nicht ein paar anerkennende Worte in der nächsten Mitarbeiterbesprechung, bevor man rasch wieder zur Tagesordnung übergeht, sondern eine deutliche Unterbrechung der Routine. Die brauchen wir alle von Zeit zu Zeit, sonst gleicht der schönste Job irgendwann einem Hamsterrad. Bei der Firma TraiCen Computer Training & Consulting GmbH werden große Aufträge und lukrative Kundenangebote mit dem Läuten einer großen Glocke allen in der Abteilung verkündet. Diese Geste verdeutlicht, dass Erfolge wertgeschätzt und nicht einfach abgehakt werden. Wer errungene Erfolge feiert, spornt zu weiteren Taten an. Wie aufwendig gefeiert wird, wie spektakulär es sein muss, sollte sich am Einsatz vorher orientieren. Ideen: gemeinsam zum Fußball, ins Rockkonzert, in den Kletterwald. Eine Führung durch eine interessante Ausstellung. Eine Ballonfahrt. Ein Fest mit den Familien, die Papa oder Mama während der heißen Projektphase so selten zu Gesicht bekommen haben. Ein Kaminabend mit einem interessanten Referenten. Ein Kochkurs bei einem der besten Köche der Stadt. Wenn Ihnen selbst die Ideen ausgehen: Es gibt Agenturen, die sich auf die Ausrichtung solcher «Events» spezialisiert haben.

Erster Tag im Unternehmen

Haben Sie ein Drehbuch für den ersten Tag eines neuen Mitarbeiters? In viel zu vielen Unternehmen werden Neuzugänge mit einem entgeisterten «Huch, Sie sind schon da?!» begrüßt. Paradox: Da wird viel Geld in Anzeigen und Auswahlverfahren investiert; man plant fünfstellige Jahresgehälter ein; sucht eventuell die Unterstützung einer Personalberatung. Und wenn der neue Mitarbeiter vor der Tür steht, wird er erst einmal hektisch irgendwo «geparkt». Das ist ungefähr so, als ob Sie Ihr neues Cabrio mit offenem Verdeck neben der Betonfabrik abstellen und drei Tage später mal nachschauen gehen, wie es denn so mit ihm aussieht. Begeisternde Unternehmen handeln anders: «Wir begrüßen den neuen Mitarbeiter aktiv», sagt Detlef Jahnke vom team baucenter Kiel. Jeder Mitarbeiter geht im Laufe des Tages vorbei und heißt «den Neuen» herzlich willkommen. Dessen Arbeitsplatz ist vorbereitet, PC und Telefon sind angeschlossen, Visitenkarten liegen bereit. Zur Begrüßung gehören neben team-Shirt und -Schirmmütze ein Blumenstrauß und ein Gutschein für das Mittagsrestaurant. Ein sechzigjähriger Verkaufsprofi war von diesem freundlichen Empfang so verblüfft, dass er abends auf die Frage seiner Frau: «Wie war's?», meinte: «Gut! Schon fast unheimlich gut … Das muss 'ne Sekte sein!»

Für den ersten Eindruck gibt es keine zweite Chance – diese altbekannte Regel gilt auch für den Eindruck, den Ihr Unternehmen beim neuen Mitarbeiter hinterlässt. Der sollte am ersten Tag begeistert nach Hause gehen. Ein Drehbuch macht es möglich. Ein Beispiel:

Drehbuch: Erster Tag eines neuen Mitarbeiters

Vorab-Infos	Neuer Mitarbeiter	Willkommensbrief: Einfinden am ersten Tag (Uhrzeit, Kleidung, Sonstiges)
	Im Unternehmen	Foto und Infos am Schwarzen Brett («Wir begrüßen zum XX. XX. 20XX: …»)
Organisation	Arbeitsplatz	PC eingerichtet, Telefon angeschlossen, Visitenkarten, Arbeitskleidung …
	Sonstiges	• Blumenstrauß oder anderes Willkommensgeschenk • Wer ist Pate? • Welche Aufgaben am ersten Tag? • …

Am ersten Arbeitstag	Begrüßung	durch …
	Infos	• Paten vorstellen • Arbeitsplatz einweisen • Herumführen • Infomappe • Jahresziele • Spielregeln • …
	Kollegen	• Begrüßen des neuen Mitarbeiters • Wer geht mittagessen? • …

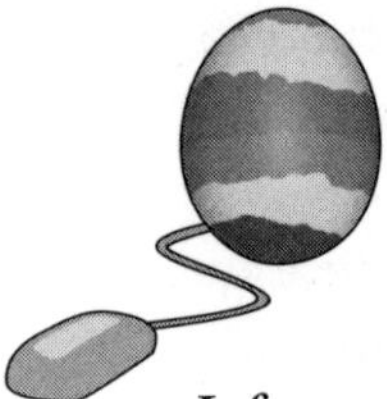

Ein solches Drehbuch können Sie gemeinsam mit Ihrem Team entwickeln. Mögliche Ausgangsfrage: Was hätte ich mir selbst an meinem ersten Tag hier gewünscht? (→ www.dereiertanz.de)

Informationspolitik

Mitarbeiter, die aus der Zeitung erfahren, dass ihr Werk von Schließung bedroht ist, dass Entlassungen drohen oder dass eine bestimmte Abteilung geschlossen wird: Das kommt leider immer noch vor und gar nicht so selten. Damit wird Vertrauen auf lange Sicht zerstört, auch bei denjenigen, die selbst nicht betroffen sind. Ab sofort wird man die Flöhe husten hören und offiziellen Verlautbarungen der Unternehmensleitung nur noch begrenzt Glauben schenken. Das beste Gegenmittel ist größtmögliche Transparenz im Unternehmen, und zwar schon bevor es schwierig wird. Viele Firmen, die auf MitarbeiterBegeisterung setzen, beherzigen dies. Ob bei EDEKA Wehrmann oder beim team baucenter Kiel, hier sind Infos über Umsätze und Gewinne allen zugänglich. Wer Mitarbeiter – etwa durch schlechte Zahlen – «nicht beunruhigen will», entmündigt sie in Wahrheit. Alternativen: Schreiben Sie einen Jahresbrief an alle Mitarbeiter, in dem Sie die aktuelle Entwicklung ehrlich kommentieren. Vermeiden Sie taktische Winkelzüge, Schönreden ebenso wie Schwarzmalen. Gehen Sie in die Offensive, wenn Sie spüren, dass im Unternehmen oder in Ihrer Abteilung Unruhe herrscht. Bieten Sie Ihren Mitarbeitern die Möglichkeit, ihre Sorgen loszuwerden, im persönlichen Gespräch, aber auch anonym (Kummerkasten).

Feste

Weihnachtsfeiern oder Betriebsausflüge erstarren in manchen Unternehmen zum ungeliebten Ritual. Ich wurde einmal zufällig Zeuge eines «Weihnachtsessens» von Bankmitarbeitern in einem französischen Restaurant. Alle Anwesenden schienen hauptsächlich darauf bedacht, nach dem glücklich überstandenen Dessert möglichst rasch das Weite zu suchen. Die erste Dame hatte kaum ihren letzten Löffel Mousse au Chocolat hinuntergeschluckt, als sie nach ihrer Handtasche griff und verkündete, sie müsse jetzt leider los. Undankbar? Jein. Aber wer beruflich ohnehin oft essen gehen «muss», empfindet einen solchen Abend vielleicht gerade deswegen eher als Pflichtveranstaltung.

Es gibt Alternativen: Lassen Sie Ihre Mitarbeiter entscheiden, statten Sie ein Planungsteam mit einem Budget aus – und halten Sie sich raus. Fordern Sie dabei eine aktive Beteiligung der Mitarbeiter deutlich ein. Eine Begeisterungskultur lebt vom Engagement aller. Mancher, der lieber passiv bleibt, um hinterher zu jammern, braucht einen kleinen Schubs. Sie können beispielsweise im Oktober ein Schwarzes Brett einrichten, auf dem ernst gemeinte und weniger ernst gemeinte Vorschläge für die Feier gesammelt werden. Oder ersetzen Sie die Weihnachtsfeier durch ein Herbstfest: In der gar nicht so besinnlichen Adventszeit hetzt mancher Mitarbeiter von Feier zu Feier – im Kindergarten bei den Kleinen, in der Schule mit den größeren Kindern, im Sportverein und im Kirchenchor usw.

Setzen Sie bei Festen generell eher auf Mitmachen als auf Konsumieren: Kanufahrt statt Grillfest, Cocktailkurs statt Umtrunk.

Ideenmanagement

… oder, traditionell ausgedrückt, «betriebliches Vorschlagswesen». Ermuntern Sie Ihre Mitarbeiter, Verbesserungsvorschläge einzubringen? Gibt es dazu zuverlässig Feedback – und zwar zeitnah und nicht erst nach vielen Monaten? Werden Ideen geprüft und umgesetzt? Oder verschwinden die meisten Verbesserungsvorschläge kommentarlos in der Versenkung? Werden Mitarbeiter bei Weiterentwicklungen und Innovationen systematisch einbezogen? Einer der besten Wege, Mitarbeitern wertschätzend zu begegnen, besteht darin, ihre Kompetenz zu würdigen. Viel zu häufig werden in Meetings am grünen Tisch Maßnahmen beschlossen, die in der Praxis nicht funktionieren. Längst sind viele Führungskräfte zu weit vom operativen Geschäft weg, um im Alleingang optimale Lösungen zu entwickeln.

Es lohnt sich also doppelt, das Know-how der Mitarbeiter abzurufen: für bessere Lösungen und für eine höhere Umsetzungsquote. Wer mitbestimmen konnte, setzt Neuerungen später auch eher um. Beispiele: Bei Runners Point tüfteln «Mannschaftsräte» Verbesserungsvorschläge aus; bei der Compeople AG, «Top Job»-Arbeitgeber des Jahres 2010, werden strategische Vorschläge der Leitungsebene in Teamsitzungen diskutiert, um systematisch die Meinung der Basis einzuholen.[44] EDEKA Wehrmann schickt Auszubildende und ausgewählte Mitarbeiter auf «Trendscout-Reisen» in andere Märkte und Länder, um sie zu inspirieren. Eine Ideenkultur können Sie auch fördern, indem Sie kreativen Impulsgebern am Schwarzen Brett des Unternehmens danken und die besten Ideen prämieren.

Internetauftritt

MitarbeiterBegeisterung setzt eine hohe Identifikation der Menschen mit «ihrem» Unternehmen voraus. Bestärken Sie Ihre Leute in dem Gefühl, dass sie es sind, die das Unternehmen ausmachen. Das können Sie unter anderem durch Ihren Internetauftritt tun. Präsentieren Sie sich im Netz als weitgehend gesichtslose Organisation, die allenfalls die Geschäftsleitung eines Fotos würdigt? Oder als Gemeinschaft, in der auch Mitarbeiter vorgestellt werden? Fotos der Ansprechpartner, Gruppenfotos, exemplarische Einzelporträts, kurze Statements und Zitate bieten vielfältige Möglichkeiten, sich als Team zu präsentieren und die Leistung der Mitarbeiter deutlich zu würdigen. Und da Menschenerlebnis vor Materialerlebnis geht, ist dies auch den meisten Kunden sympathischer als dekorative Agenturfotos und anonyme Texte. Ein gutes Beispiel für Mitarbeiterwertschätzung ist die Selbstdarstellung der Hotelkette Ritz-Carlton. Dort beruft man sich auf seine «große Geschichte». Als Repräsentanten dienen jedoch nicht Gründer- oder Gebäudefotos, sondern die Mitarbeiter von heute, die aus aller Herren Ländern stammen.[45]

Leitbild

«Die Mitarbeiter sind unser höchstes Gut.» «Wir kommunizieren offen und fair.» «Wir führen partnerschaftlich und auf Augenhöhe.» – In Leitbildern stehen viele hehre (Vor-)Sätze. Mancher Mitarbeiter reibt sich verwundert die Augen, wenn er Hochglanzpapier und Unternehmenswirklichkeit vergleicht. Wie verhindern Sie, dass das Leitbild zum Leidbild wird? «Echte» (gelebte) Leitbilder sind präzise, individuell und branchenspezifisch. Sie werden nicht von oben diktiert oder gar von PR-Fachleuten im schönsten Werbedeutsch entworfen, sondern gemeinsam mit den Mitarbeitern entwickelt. Ob ein solches Leitbild tatsächlich Richtschnur täglichen Handelns ist, ob es authentisch ist, spürt man beim Lesen. Ein Beispiel sind die Leitsätze des Hotels Ritz-Carlton: «Jeder Mitarbeiter hat Entscheidungskompetenz. Wenn zum Beispiel ein Gast ein Problem hat oder er etwas benötigt, soll der Mitarbeiter die eigentliche Arbeit unterbrechen, um sich den Bedürfnissen des Gastes sofort anzunehmen», heißt es dort beispielsweise oder: «Für die kompromisslose Sauberkeit in unserem Hotel ist jeder Mitarbeiter verantwortlich.»[46] Brauchen Sie unbedingt ein Leitbild? Jein. Die Diskussion darüber und das gemeinsame Entwickeln kann alle für die Begeisterungskultur, für den Geist im Unternehmen, sensibilisieren. Aber besser gar kein Leitbild als ein *Leidbild.*

Mitarbeitergespräche

«Wie finden Sie die Jahresgespräche mit Ihrem Chef?», fragte das Magazin «Karriere» vor einiger Zeit seine Leserschaft. Ein Drittel der Teilnehmer der Online-Befragung urteilte: «Hat mir noch nie was gebracht», ein weiteres Drittel hatte noch nie Jahresgespräche, für rund sieben Prozent ist dieser Termin «der reine Horror». Positiv äußerten sich rund siebzehn Prozent.[47] Häufig verkommen Jahresgespräche zum ungeliebten Ritual, weil sie zwischen Tür und Angel absolviert und schlecht vorbereitet werden. Dazu reicht es schon, wenn Sie als Chef wiederholt seufzen: «Ach ja, wir müssen ja noch unser Gespräch machen», und den Termin ad hoc irgendwo reinquetschen.

Neben den üblichen Hinweisen – gute Vorbereitung, Leitfaden, neutraler Raum, sich Zeit nehmen – hier noch ein paar Tipps, wie Sie solche Gespräche zum Begeisterungsmoment machen können: Überlegen Sie, ob Sie neben dem üblichen jährlichen Ziele- und Gehaltsgespräch ein zweites, rein inhaltliches Gespräch zum gegenseitigen Feedback führen. Damit verhindern Sie, dass die Geldfrage inhaltliche Momente überschattet. Achten Sie darauf, dass Sie tatsächlich mehr zuhören als selbst reden. Mindestens die Hälfte der Redezeit sollte dem Mitarbeiter gehören, eher mehr. Messen Sie den Gesprächserfolg nicht an eigenen Redeanteilen, sondern an denen des Mitarbeiters. Brechen Sie aus dem üblichen Frageschema aus, um authentische Antworten zu bekommen. Fragen Sie zum Beispiel: «Welche drei Ereignisse haben Sie seit unserem letzten Gespräch besonders gefreut?» «Was hat Sie besonders geärgert?» «Gibt es etwas, was Ihnen helfen würde, Ihre Arbeit noch besser zu tun?» «Welchen Rat würden Sie mir als Chef der Abteilung geben?» Erkundigen Sie sich abschließend: «Gibt es noch irgendetwas, das bisher nicht angesprochen wurde und über das wir reden sollten?» Fragen Sie möglichst offen und warten Sie ruhig ab. Wenn Sie ernsthafte Antworten wollen, muss Ihr Gegenüber die Zeit haben, sich gelegentlich erst einmal zu sortieren. Viele Menschen ertragen Pausen, die länger als drei, vier Sekunden dauern, nicht und reden dann reflexhaft selbst weiter.

Mitarbeiterzeitung

Viele Mitarbeiterzeitungen sind zwar aufwendig gemacht, haben aber den Geruch der Hofberichterstattung aus der Chefetage. In einer echten Mitarbeiterzeitung stehen tatsächlich die Mitarbeiter und ihre Anliegen im Zentrum. Ein Medium, in dem offen kommuniziert wird, ist wichtiger als ein teures Hochglanzprodukt. Bieten Sie Service und ein Diskussionsforum: Unternehmensnachrichten, die alle angehen, Projekterfolge und ungewöhnliche Leistungen, Abteilungsporträts, Leserbriefe, Reportagen von Mitarbeitern, die Berufliches, aber auch ungewöhnliche Hobbys oder Reisen betreffen können, Pro-und-Contra-Rubriken, Fotos von gemeinsamen Unternehmungen, Cartoons … Humor ist daneben ein gutes Mittel, mal Dampf abzulassen und heikle Fragen zu entkrampfen. Warum nicht eine Zeitung ins Leben rufen, die von Mitarbeitern für Mitarbeiter gemacht wird, oder einen Newsletter?

Personalpolitik

Wer wird bei Ihnen Chef? Die «harten Hunde» oder die «Menschenversteher», die Mitarbeiter mitnehmen können? In schwierigen Zeiten werden mitarbeiterorientierte Führungskräfte nicht selten als

Schönwetterkapitäne diffamiert. Es schlägt die Stunde der Sanierer. In der Tat können Chefs, die rücksichtslos durchgreifen, die Zahlen kurzfristig verbessern. In einem Klima der Angst legen sich Leute erst einmal mehr ins Zeug. Wer kann, sucht das Weite, und Eigenkündigungen sparen Abfindungen. Nur: Erfahrungsgemäß gehen die Besten zuerst. Und das zynische Modell «Sanierer zum Aufräumen und hinterher sind wir wieder netter» funktioniert nicht. Mitarbeiter haben keinen Reset-Knopf, der Negativerfahrungen löscht. Vertrauen und Engagement sind erst einmal verspielt. Zugegeben: Auch in schlechten Zeit dem Geist des Unternehmens treu zu bleiben, ist schwer. Aber möglich. Mehr dazu in der Rubrik «Eiertanz» am Ende dieses Kapitels. Grundsätzlich gilt: In Unternehmen, die einen bestimmten Geist leben, ist dieser bei der Neubesetzung von Stellen ein wichtiges Kriterium – gleichgültig, ob es um leitende oder andere Positionen geht. Und zu einer Begeisterungskultur gehört Transparenz – auch in Sachen Führungsqualität. Mitarbeiterbefragungen sind ein Mittel, um dies zu gewährleisten. Spätestens wenn sich Krankenstände oder Eigenkündigungen in einer Abteilung häufen, sollten Sie der Sache auf den Grund gehen.

Umgangsformen

In einem Begeisterungs-Workshop sammelten wir Ideen, was im Alltag begeistert. Auf dem Flipchart notierte ich, was die Teilnehmer mir spontan zuwarfen: Bitte/danke, grüßen, Tür aufhalten, anklopfen, Höflichkeit, zuhören können, nicht ins Wort fallen, mit Namen anreden… Schließlich platzte einer der Teamleiter heraus: «Meine Güte, gehts hier um Kinderstube?!» Ja, auch das. Wenn die Basis nicht stimmt, ist die kreativste Begeisterungsidee nichts als blasse Tünche auf morschem Grund. Dabei geht es nicht um komplizierte Etikette, sondern um den wertschätzenden Umgang miteinander. Und es sind die kleinen Gesten, die oft große Wirkung entfalten. Beispiel: Der Direktor eines Frankfurter Fünfsternehotels prägt sich vor Ausbildungsbeginn oder Stellenantritt mithilfe von Fotos die Namen aller neuen Mitarbeiter ein und begrüßt jeden vom ersten Tag an konsequent mit Namen. Der Inhaber eines mittelständischen Verlages nimmt sich in der ersten Januarwoche Zeit für einen Rundgang durchs Haus, um allen 115 Mitarbeitern persönlich ein gutes neues Jahr zu wünschen und einen kurzen Schwatz zu halten.

Weiterbildung

Engagierte Mitarbeiter sind die Voraussetzung für unternehmerischen Erfolg! Deshalb hat sich der Vorstand der team AG entschieden, besondere Talente besonders zu fördern, und dafür die team Akademie ins Leben gerufen. Iwer Jensen, Vorstand der team AG, weiß: «Starke Standorte brauchen starke Niederlassungsleiter», und sieht «taff» (team ausbildung für führungskräfte) als einen wesentlichen Beitrag des Unternehmens, sich auf die Herausforderungen der Zukunft vorzubereiten. Echte Weiterbildung soll im Alltag nützen und Entwicklungschancen bieten. Im besten Fall freut sich der Mitarbeiter auf die Veranstaltung und kehrt mit neuem Wissen zurück, das er am Arbeitsplatz umsetzen kann. Im schlimmsten Fall sind externe Seminare eine Belohnung für Wohlverhalten («Prima, in München war ich noch nie!») oder eine Zwangsmaßnahme («So geht es nicht weiter, Herr Meyer. Ich habe Sie mal für ein Seminar zum Thema Konfliktgespräche angemeldet»).

Wenn Sie für MitarbeiterBegeisterung sorgen wollen, überraschen Sie Ihre Mitarbeiter positiv und brechen Sie aus diesen Schemata aus. Wählen Sie ungewöhnliche Lernorte und spannende Themen. Für die Auszubildenden bei EDEKA Wehrmann ist es das Klosterwochenende zum Thema Lebensplanung. Bei Runners Point ist es beispielsweise eine spektakuläre Veranstaltung für Führungskräfte mit Vorstellung des Unternehmensvideos, Topreferent, freier Workshopwahl, ungewöhnlicher Raum- und Pausengestaltung. Aktivieren Sie die Potenziale Ihrer Leute – lassen Sie Ihre Mitarbeiter voneinander lernen, beispielsweise an einem Innovationstag mit selbst gesteuerten Workshops. Setzen Sie nicht nur auf externe Referenten, sondern geben Sie Ihren Mitarbeitern die Möglichkeit, Wissen weiterzugeben. Wählen Sie den besten Lernort überhaupt: den Arbeitsplatz, das eigene Unternehmen. Dort können Wissen und Fertigkeiten direkt umgesetzt und auf die Bedürfnisse vor Ort abgestimmt werden. Für unsere Workshops in Sachen Kunden- und MitarbeiterBegeisterung gehen wir in die Unternehmen, um gemeinsam mit den Betroffenen zu schauen, was sich verbessern lässt, und um dies gleich in die Praxis umzusetzen und zu üben. Das erste Überraschungsmoment für viele Chefs und Mitarbeiter: Das funktioniert nur, wenn der Chef auch mitmacht! Eine echte Begeisterungskultur bringt alle in Bewegung – und die Weiterbildung raus aus der Ecke, wo Chefs schicken und Mitarbeiter sich ändern sollen. Allein das ist häufig schon ein Begeisterungsmoment. «Wenn Mitarbeiter sehen, der Chef selber geht voran, sind sie eher bereit, selbst was zu tun», sagt Henning Senger von Senger Gebäudetechnik dazu.

Werbung

Wer wirbt für Ihr Unternehmen? Immer mehr Firmen zeigen die Menschen hinter den Produkten – die Mitarbeiter. Beispiele sind der Obi-Chor oder die aufsehenerregende Kampagne der Berliner Stadtreinigung, die vor einigen Jahren unter dem Motto «We kehr for you!» fiktive Müllwerker bei der Arbeit zeigte und damit unterstrich, dass eine saubere Stadt auf das Konto vieler engagierter Mitarbeiter geht. Bei der Berliner Stadtreinigung geht man davon aus, dass «der Mitarbeiter sich selbstverständlich leichter mit einer Kampagne identifiziert, die ihn in den Mittelpunkt stellt».[48] Die Emmi-Molkerei geht einen ähnlichen Weg und bildet in ihrem Geschäftsbericht eigene Mitarbeiter ab, die ihr jeweiliges Lieblingsprodukt vorstellen.[49] Wer möchte, dass Mitarbeiter sich für «ihr» Unternehmen begeistern, tut gut daran, ihren Beitrag zum Unternehmenserfolg zu würdigen. Mit Mitarbeitern zu werben, ist ein Weg, um zu zeigen: Die Mitarbeiter sind es, die das Unternehmen ausmachen.

Unterm Strich haben alle Begeisterungsmaßnahmen eines gemeinsam: Sie zielen auf Wertschätzung der Person und Würdigung ihrer Leistung. Wertschätzung drückt sich eben nicht nur in Höflichkeit und Respekt aus, sondern auch und gerade im Zutrauen zu ihren Mitarbeitern, darin, dass Sie ihre Kompetenz abrufen und sie einbeziehen. Wann haben Sie einen Mitarbeiter beispielsweise das letzte Mal um Rat gefragt? Fragen wie …

- Was halten Sie von … ?
- Was würden Sie an meiner Stelle tun?
- Wie ist denn Ihre Einschätzung zu …?

… können stolzer machen als das überschwänglichste Lob. Probieren Sie es einfach mal aus! Übrigens: Der erste Außenfahrstuhl der Welt soll dadurch entstanden sein, dass ein Hausmeister einen skeptischen Blick auf die Architektenpläne zum Umbau des Hotels warf, das mit einem Aufzug ausgerüstet werden sollte. Sein Kommentar: «Da können wir ja gleich zusperr'n, bei dem Dreck!» Auf die Gegenfrage seines Chefs – «So?! Was würden Sie denn machen?» – soll sich der erfahrene Handwerker am Kopf gekratzt und schließlich vorgeschlagen haben: «Warum bauen wir den Fahrstuhl nicht außen an?»

Begeisterungsstrategie 2: Andere Dinge tun

Begeisterungsmomente sind wie frische Windstöße, die dem Unternehmensschiff zusätzlich Schub verleihen, habe ich weiter oben geschrieben. Ein echtes Begeisterungsmoment unterbricht die Unternehmensroutine, für einen Tag, für eine Stunde, manchmal auch nur für einen kurzen Augenblick. Die Botschaft solcher Begeisterungsmomente an die Mannschaft ist immer ähnlich: Mir liegt etwas daran, dass es allen an Bord gut geht. Man darf hier auch mal Spaß haben. Ich schätze euch/Sie. Wir auf der Brücke wissen durchaus, dass wir ohne eine engagierte Crew wenig bewegen könnten.

1. Veranstalten Sie ein Bewerbungstraining für die Kinder Ihrer Mitarbeiter. Besonders lebensnah wird es, wenn neben der Personalabteilung auch Ihre Azubis den Gleichaltrigen Tipps geben.
2. Laden Sie die Eltern Ihrer Auszubildenden ein, das Unternehmen und den Arbeitsplatz Ihrer Kinder näher kennenzulernen.
3. Machen Sie die Leistung Ihrer Mitarbeiter sichtbar. Kennzeichnen Sie Werkstücke, stellen Sie das ausführende Team bei Angeboten vor, zeigen Sie in Ihrer Imagebroschüre oder im Kundenmagazin, wer hinter erfolgreichen Projekten steht.
4. Spendieren Sie an Hundstagen eine Runde Eis für alle.
5. Verschenken Sie zur Erkältungszeit einen schönen Tee mit Teeglas.
6. Bestellen Sie einen mobilen Masseur, der in der Mittagspause für Entspannung sorgt.
7. Geben Sie am ersten Sommertag nach wochenlangem Regen Ihrem Team eine Stunde früher frei.
8. Begrüßen Sie neue Azubis mit einer «Schultüte», die Nützliches, Nahrhaftes und Witziges enthält. Lassen Sie sich beim Inhalt von Ihren jetzigen Auszubildenden beraten.
9. Legen Sie der ersten Gehaltsabrechnung eines neuen Mitarbeiters einen Dankesbrief bei. Aller Anfang ist schwer, aufmunternde Worte tun gut.
10. Organisieren Sie eine Kinderbetreuung für Notfälle, die Eltern unterstützt, wenn andere Betreuungspersonen ausfallen. Überlegen Sie, ob Sie pensionierte Mitarbeiter dafür gewinnen können.

11. Überraschen Sie Ihre Mitarbeiter am Frühlingsanfang mit einem kleinen Blumenstrauß.
12. Nutzen Sie ein Betriebsfest für eine launige Rede über Ihre eigenen Schwächen. Wer über sich selbst lachen kann, gewinnt Herzen. Probieren Sie vorher aus, ob das, was Sie komisch finden, auch andere zum Lachen bringt.
13. Kochen Sie gemeinsam mit Ihrem Team; schaffen Sie ein Gemeinschaftserlebnis, zu dem jeder beitragen kann.
14. Veranstalten Sie ein Kochseminar, bei dem ein Profikoch in die Kunst der besten Pasta, der knusprigsten Weihnachtsgans, der schönsten Spargelrezepte einweiht. Oder veranstalten Sie mit einem Grillprofi ein Grillseminar.
15. Laden Sie die Kinder Ihrer Mitarbeiter in den Schulferien zu einem Schnuppertag ein, an dem sie den Arbeitsplatz ihrer Eltern kennenlernen und selbst mitarbeiten dürfen.
16. Schreiben Sie einen Wettbewerb aus: Was können wir weglassen? Prämieren Sie die besten Ideen und setzen Sie sie in die Tat um!
17. Hängen Sie Dank- und Lobschreiben zufriedener Kunden öffentlich aus und bedanken Sie sich bei den verantwortlichen Mitarbeitern.
18. In Ihrem Team grummelt es? Malen Sie ein Stimmungsbarometer auf ein Flipchart: Wie ist die Stimmung auf einer Skala von «saumäßig (Dauerregen)» bis «spitze (Sonnenschein)»? Drehen Sie das Flipchart um und lassen Sie jeden Mitarbeiter unbeobachtet seine Stimmung markieren. Nehmen Sie das zum Ausgangspunkt für ein klärendes Gespräch.
19. Eröffnen Sie den nächsten Jour fixe mit einem witzigen Cartoon, der zur Lage passt. Fündig werden Sie oft schon bei der Bildersuche in Google. Nehmen Sie sich auch mal selbst auf die Schippe.
20. Arbeiten Sie einen Tag in einer Abteilung mit, in der es Sand im

Getriebe gibt. Sie erfahren wahrscheinlich mehr (und Nützlicheres) als in vielen Meetings.

21. Ersetzen Sie die röchelnde Kaffeemaschine durch einen Automaten, der leckere Kaffeesorten zaubert.
22. Bedanken Sie sich bei den verantwortlichen Mitarbeitern, wenn Sie Projektergebnisse oder Zahlen präsentieren. Dazu können Sie auf der letzten Folie alle Namen auflisten oder Fotos einblenden.
23. Schreiben Sie eine Willkommensmail an Urlaubsrückkehrer («Welcome back!»).
24. Überraschen Sie Ihre Mitarbeiter mit einem Powerfrühstück.
25. Schenken Sie Ihren Mitarbeitern zum Geburtstag etwas wirklich Persönliches. Sie haben keine Ahnung was? Machen Sie sich schlau, etwa durch einen Minifragebogen in Anlehnung an die Promifragebögen in vielen Zeitschriften. Statements wie «Meine Freizeit verbringe ich am liebsten mit ...»; «Was ich besonders mag ...»; «Was ich gar nicht mag ...»; «Auf eine einsame Insel würde ich mitnehmen ...»; «Meine Lieblingsblumen ...» bringen Sie weiter. Machen Sie auf dem nächsten Fest ein witziges Spiel daraus.
26. Bereichern Sie die Mittagspause Ihrer Mitarbeiter durch einen Kicker, ein Trimmrad, einen Massagesessel, eine Wii-Konsole. Zu teuer? Wie wäre es mit Badminton-Sets, Frisbees, Jonglierbällen? Es gibt viele Dinge, die Spaß machen und wenig kosten.
27. Verfassen Sie aus besonderen Anlässen handschriftliche Briefe auf edlem Papier. Das erfreut mehr als jede vorgedruckte Karte oder gar E-Mail.
28. Vermerken Sie Firmenjubiläen auf Ihrer Website: «Heute ein, fünf, zehn, fünfzehn ... Jahre bei uns – Herr/Frau ...!»
29. Spendieren Sie vor den Betriebsferien allen Mitarbeitern eine Autowäsche.

30. Organisieren Sie Kinokarten für den aktuellen Blockbuster.
31. Bieten Sie ein nützliches und/oder witziges Kurzseminar an: vom Erdbeerseminar über den Workshop «Reifenwechsel, leicht gemacht» bis zum Kurs für perfekte Urlaubsfotos. Prüfen Sie, ob es unter Ihren Mitarbeitern Kollegen gibt, die Lust haben, ihr Expertenwissen weiterzugeben.
32. Machen Sie mit Schirmen und Liegestühlen oder Biergartengarnituren Sonnenpausen möglich, wenn der Sommer mitspielt.
33. Prüfen Sie, ob Sie für Ihre Mitarbeiter günstige Sammelbestellungen organisieren können.
34. Engagieren Sie einen Studenten, der bei Versetzungsproblemen den Kindern Ihrer Mitarbeiter als Erste (Nach-)Hilfe zur Verfügung steht.
35. Nehmen Sie mit Ihrem Team am Stadtmarathon teil, am Drachenbootrennen, am Tag des offenen Denkmals, am Ball des Sports …
36. Stellen Sie Gruppen- und Teamleitern ein Jahresbudget für MitarbeiterBegeisterung zur Verfügung und lassen Sie ihnen freie Hand beim Einsatz. Sie kennen Ihr Team schließlich am besten.
37. Organisieren Sie mit einem Geschäftspartner gegenseitige Betriebsführungen.
38. Machen Sie es sich zur Gewohnheit, immer sofort zu sagen, wenn Ihnen etwas gut gefällt: im persönlichen Gespräch, durch eine kurze «Super!»-Mail oder ein Smiley-Post-it mit Lob oder Dank. Das kostet Sie maximal eine Minute.
39. Unterstützen Sie das ehrenamtliche Engagement Ihrer Mitarbeiter, beispielsweise durch einen Spendenaufruf, eine Tombola zugunsten des guten Zwecks, einen gemeinsamen sozialen Tag.
40. Sponsern Sie die Kinder- und Jugendfußballmannschaften am Ort.

41. Überraschen Sie Ihre Mitarbeiter am «Internationalen Tag des Kusses» (6. Juli) mit Schokoküssen und einem witzigen Kartengruß.
42. Bieten Sie im Intranet eine Plattform für den Austausch von Expertentipps und Empfehlungen – Motto «Wer kennt einen …?»
43. Gründen Sie einen Betriebschor.
44. Stellen Sie einen Feedback-Kasten auf, in dem Mitarbeiter Lob und Kritik an die Führung direkt und anonym loswerden können. Lehren Sie den Kasten regelmäßig und gehen Sie im Meeting in regelmäßigen Abständen auf die Rückmeldungen dort ein.
45. Verschenken Sie vor den großen Ferien Reiseapotheken und Sonnenlotion.
46. Spendieren Sie nach extrem stressigen Wochen einen zusätzlichen freien Tag.
47. Fragen Sie eingewanderte Mitarbeiter, ob sie Lust haben, einen türkischen, polnischen, russischen, serbischen … Abend für Ihre Kollegen vorzubereiten, mit landestypischen Gerichten und landestypischer Musik. Stellen Sie dafür Räume und ein Budget zur Verfügung.
48. Stellen Sie im Team eine Checkliste oder Broschüre mit Tipps für neue Kollegen zusammen: angesagte Stadtteile, familienfreundliche Angebote, der schönste Wochenmarkt, wo gibt es die beste Pizza, Einkaufstipps, das netteste Café am Ort, die beste Eisdiele … Aktualisieren Sie die Liste beziehungsweise Broschüre alle paar Monate in der Teambesprechung.
49. Bieten Sie Sprachkurse für neue Mitarbeiter mit Migrationshintergrund an.
50. Unterstützen Sie die Gründung eines Betriebskindergartens. Familienfreundlichkeit ist heute ein starkes Begeisterungsmoment!

51. Spendieren Sie Mitarbeitern mit Heiratsplänen einen Crash-Kurs für den Hochzeitswalzer.
52. Hängen Sie statt anonymer Kunstdrucke vergrößerte und gerahmte Reisefotos von Ihren Mitarbeitern auf. Nennen Sie jeweils Fotograf, Reiseziel und Datum.
53. Stellen Sie das Foyer für wechselnde Ausstellungen zur Verfügung und veranstalten Sie Vernissagen für Ihre Mitarbeiter.
54. Veranstalten Sie mit Ihrem Team Stadtteilexkursionen: Freitagnachmittags stellen Kollegen, die dort wohnen, «ihren» Stadtteil vor, anschließend geht es gemeinsam in die Kneipe. In größeren Städten lernen so auch langjährige Mitarbeiter ihre Stadt neu kennen.
55. Veranstalten Sie ein Unternehmenskabarett.
56. Lassen Sie für jeden (wirklich jeden!) Mitarbeiter Visitenkarten drucken.
57. Belohnen Sie ungewöhnlichen Einsatz mit einem spontanen Geschenk – einer CD oder einem Buch, das Sie begeistert hat. Schreiben Sie eine persönliche Widmung darauf.
58. Engagieren Sie einen Fotografen, der Ihre Mitarbeiter am Arbeitsplatz porträtiert. Hängen Sie eine Collage der besten Fotos im Eingangsbereich auf. Achten Sie darauf, dass jeder Mitarbeiter abgebildet ist.
59. Führen Sie eine Killerphrasen-Kasse ein. Jedes «Das funktioniert nie!», «Das haben wir schon immer so gemacht!» oder «Das haben wir noch nie so gemacht!» kostet für Mitarbeiter einen, für Chefs fünf Euro. Verjubeln Sie den Kasseninhalt gemeinsam.
60. Veranstalten Sie eine Motto-Party statt der üblichen Betriebsfeier. Sammeln Sie gemeinsam Motto-Vorschläge («Die wilden Sechziger»; «Venezianische Nächte»; «Chic und elegant will ich nicht sein» …) und losen Sie unter den besten.
61. Verstecken Sie für jeden Mitarbeiter ein Ostergeschenk in sei-

nem Büro. (Tipp: Verzichten Sie lieber auf verderbliche Ware und verstecken Sie Ihr Präsent gut, aber nicht zu gut.)

62. Machen Sie jedem Menschen in Ihrer Umgebung in Ihrer Arbeitsumgebung spontan ein Kompliment. Merkwürdigerweise sind wir mit positiven Äußerungen weit knauseriger als mit negativen. Entdecken Sie im Laufe der nächsten Wochen und Monate an jedem etwas Positives. Dabei zählen nur ehrlich gemeinte Aussagen!
63. Veranstalten Sie ein «Public Viewing» im Unternehmen, wenn ein wichtiges Fußball-/Handball-/Eishockey-Nationalspiel im Fernsehen läuft.
64. Übernehmen Sie beim nächsten Betriebsfest mit Ihren Führungskollegen Thekendienst und Grillzange.
65. Schenken Sie Ihren Mitarbeitern einen freien Tag, wenn eins ihrer Kinder eingeschult wird.

66. ______________________________

____

67. ______________________________

____

68. ______________________________

____

69. ______________________________

____

70. ______________________________

____

Wenn Sie bis hierher gelesen haben, sind Ihnen sicher längst eigene Ideen durch den Kopf geschossen. Notieren Sie diese gleich oben. Überlegen Sie, was zu Ihnen selbst passt. Ideen, die Sie in Wahrheit «saublöd» finden, werden Sie nicht gut umsetzen. Auf der anderen Seite: Werden Sie ein bisschen mutiger, trauen Sie sich, mal aus der Routine auszubrechen. Wenn Sie nur das machen, was Sie immer schon gemacht haben, werden Sie auch nur das zurückbekommen, was Sie immer schon bekamen. Berücksichtigen Sie, was zu Ihrer Mannschaft passt. Wenn Sie beispielsweise eine sehr junge Crew mit einer Ausstellungsführung überraschen, sollte die etwas peppiger aufgezogen werden als ein Rundgang für die Generation vierzig plus. Und da Gewohnheit der stärkste Klebstoff überhaupt ist, planen Sie am besten gleich hier, was Sie als Erstes umsetzen möchten:

Umsetzung der Begeisterungsmomente	
Begeisterungsidee 1 ____________________	bis ____________
Begeisterungsidee 2 ____________________	bis ____________
Begeisterungsidee 3 ____________________	bis ____________

Überlegen Sie, welches Budget Sie für kleine oder größere Begeisterungsaktionen einplanen können. Dabei geht es nicht um permanente Dauerbespaßung. Sondern darum, gelegentlich für ein paar zusätzliche Sonnenstrahlen im Alltag zu sorgen. Eins der rarsten Güter in unserer hektischen Zeit ist echte Aufmerksamkeit. Schenken Sie Ihren Mitarbeitern Ihre volle Aufmerksamkeit – nicht immer, aber immer wieder. Und nicht nur, wenn etwas schiefgeht!

Erfolgsbeispiel Fleischerei Richter: «Die Stärke eines Unternehmens kommt von innen»

140 Filialen in Sachsen, Sachsen-Anhalt und Thüringen, über 700 Mitarbeiter und eine Wochenproduktion von knapp 150 Tonnen: Die Fleischerei Richter steht für eine beispiellose Erfolgsgeschichte. Zum Vierzig-Jahre-Firmenjubiläum 2009 reisten der frühere sächsische Landesvater Kurt Biedenkopf sowie der damalige Staatsminister und spätere Bundesinnenminister Thomas de Maizière an und feierten gemeinsam mit 30 000 Besuchern. Tatsächlich gründete Dieter Richter schon zu DDR-Zeiten ein Fleischereifachgeschäft mit fünf Mitarbeitern, das sich unter widrigen Umständen behaupten konnte. Nach der Wende expandierte das Unternehmen gewaltig und wurde für seine Produkte, aber auch seine Unternehmensstrategie und sein Ausbildungskonzept vielfach ausgezeichnet. Es hagelte förmlich Medaillen der DLG (Deutsche Landwirtschafts-Gesellschaft) in Gold, Silber und Bronze für Wurstwaren und Schinken. 2007 wurde die erfolgsträchtige Verbindung von modernsten Produktionsstandards und traditionellen Herstellungsverfahren mit dem «Großen Preis des Mittelstandes» der Oskar-Patzelt-Stiftung honoriert. Die Wirtschaftsjunioren Deutschland erklärten Richter 2005 und 2008 zum «Ausbildungs-Ass»; in beiden Jahren wurde das Unternehmen von der Zeitschrift «Lebensmittel Praxis» zum «Ausbilder des Jahres» gekürt. Die Bundesagentur für Arbeit prämierte die Nachwuchsförderung; der Landkreis Freiberg den «hervorragenden Ausbildungsbetrieb».

Welcher Geist steckt hinter so viel Lob von allen Seiten? Trotz seiner Größe ist die Fleischerei Richter ein familiär geprägtes Unternehmen mit starker regionaler Verwurzelung. «Bodenständigkeit und Fleißkultur» hat man sich ebenso auf die Fahnen geschrieben wie das Streben nach ständiger Verbesserung. Man will Vorbild sein, sowohl bei der Qualität der Produkte als auch bei Kundenfreundlichkeit und Mitarbeiterführung. «Das Streben, immer zu den Besten zu gehören, kann nur mit hoch motivierten und bestausgebildeten Mitarbeitern erreicht werden», betont Geschäftsführer Marco Richter. Die Gründung der unternehmenseigenen Richter-Akademie (2006) setzt dieses Bewusstsein in die Tat um. In modern ausgestatteten Schulungsräumen in Oederan finden Seminare, Trainings und Workshops statt, die praxisnahes Wissen für den Arbeitsalltag vermitteln. Auf dem Lehrplan stehen Fachkenntnisse, aber auch soziale und persönliche Kompetenzen, von Mitarbeitermotivation bis KundenBegeisterung. Besonders stolz ist man auf das interne Nachwuchsförderungsprogramm «Führungskraft im Einzelhandel», einen zweijährigen Lehrgang, nach dessen erfolgreicher Absolvierung ein Arbeitsplatz garantiert ist. In anderen Seminaren diskutieren Mitarbeiter und Führungskräfte gemeinsam über motivierende und demotivierende Faktoren im Arbeitsalltag. «Auch die Inhaberfamilie weiß, wir sind nicht perfekt – auch wir machen Fehler und müssen ständig an uns arbeiten!», sagt Marco Richter, der ebenso wie sein Bruder Dennis in die Geschäftsführung des väterlichen Unternehmens eingetreten ist: «Um in unserem sehr harten Wettbewerb langfristig bestehen zu können, verlangen wir von uns und unseren Mitarbeitern überdurchschnittliche Leistungen – und so, wie wir unsere Kunden nicht über einen geringen Preis gewinnen können, genauso wenig können wir unsere Mitarbeiter ausschließlich mit Traumgehältern motivieren.»

Wer bei der Fleischerei Richter anheuert, wird Teil einer Gemeinschaft, die gemeinsam etwas bewegen will. Dazu passt das Motto des Seniorchefs: «Vorwärts, vorwärts, vorwärts! Stillstand ist Rückschritt.» Unter der Überschrift «Mit Innovation begeistern» wirbt das Unternehmen aktiv um Auszubildende und lässt in einem aufwendigen Video vor allem den Nachwuchs selbst zu Wort kommen. Richter-Azubis beschreiben, wie es zugeht bei der Fleischerei Richter. Teamgeist und gutes Klima spielen dabei ebenso eine Rolle wie modernste Produktionsmethoden und Entwicklungsmöglichkeiten.

Lehrjahre sind keine Herrenjahre? Bei der Fleischerei Richter ist man da anderer Ansicht: «Ich war immer der Meinung, dass ein Lehrling, der ganz unbelastet an die Dinge herangeht, einfach andere Ideen hat», meint Seniorchef Dieter Richter, der «mit jungen Kräften weiter nach vorn marschieren» will.

Ganz in diesem Geist wird Auszubildenden schon mal für vier Wochen die Leitung einer Filiale anvertraut, in der sie für das gesamte Management und den Verkauf verantwortlich sind (Azubi-Projekt 2009). Deutlicher kann man Wertschätzung kaum ausdrücken als durch dieses hohe Zutrauen in Kompetenz und Engagement der jungen Leute.

Auch sonst lässt man sich einiges einfallen, um Mitarbeiter zu begeistern, vom gemeinsamen Sommerfest über einen Treuebonus anlässlich des zehnjährigen Bestehens einer Filiale bis zum Eis für alle an besonders heißen Tagen. Langweilig werden diese Begeisterungsaktionen nicht, denn die Geschäftsleitung ist immer wieder für eine Überraschung gut, etwa einen «Tag des Mitarbeiters», an dem die Richter-Akademie ein «Verwöhnprogramm» bietet, iPods für die Führungskräfte, Eintrittskarten für das regionale Eisstadion, Tankgutscheine für besonderes Engagement, ein Gewinnspiel in der Mitarbeiterzeitung – Farbtupfer im herausfordernden Arbeitsalltag. Daneben sind es immer wieder die kleinen Gesten, die vom gelebten Unternehmensgeist zeugen. So heißt es anlässlich des Jubiläumsfestes 2009 auf der Website: «Ein ganz besonderes Dankeschön an das gesamte Richter-Team, das den unerwarteten Besucheransturm mit vollem Einsatz bewältigte, dabei immer lächelte und unser Sommerfest damit zu einem ganz besonderen Ereignis machte.» Der «Richter-Weg» ist bislang überaus erfolgreich; das Unternehmen wächst gegen den Branchentrend. Der positive Geist hat sich als zuverlässiger Anker in stürmischen Zeiten erwiesen. Um mit Dennis Richter zu sprechen: «Die Stärke eines Unternehmens kommt von innen, kommt von den Mitarbeitern.»

Auch das Beispiel der Fleischerei Richter zeigt: MitarbeiterBegeisterung lebt von einer grundsätzlichen Mitarbeiterorientierung und von wertschätzenden Begeisterungsaktionen. Eine echte Begeisterungskultur jedoch durchdringt den gesamten Alltag im Unternehmen. Dieser wird wesentlich durch die Art und Weise geprägt, wie man miteinander redet.

Gute Kommunikation ist der Schlüssel zum Herzen von Kunden – und zum Herzen von Mitarbeitern! Weder Niedrigpreise noch gute Gehälter wiegen das auf, was das richtige Wort zur rechten Zeit bewegen kann.

So reden Sie am besten mit Ihrer Mannschaft

Sprache kann Gräben vertiefen oder Brücken bauen. Sie kann entmutigen oder anspornen, motivieren, begeistern. Sie kann verletzen oder mitreißen. In einer Begeisterungskultur ist für eine trennende, verletzende, entmutigende Sprache kein Platz. Bedauerlicherweise gehören viele Standardformulierungen und sprachliche Gewohnheiten, die uns im Alltag kaum noch auffallen, eher zu einer «Blockiersprache» als zu einer «Begeisterungssprache».

Blockiersprache oder Begeisterungssprache?

Was unterscheidet «Blockiersprache» von «Begeisterungssprache»? Nehmen Sie das folgende Beispiel:

1. «Wir haben ein Problem mit der Auslieferung, die Sendungen dauern viel zu lange. Wir müssen unbedingt was tun. Wenn wir nicht sofort aktiv werden, sehe ich schwarz für den Quartalsumsatz!»
2. «Es ist wichtig, dass wir unsere Sendungen beschleunigen. Wenn wir unsere Kunden in diesem Punkt besser zufriedenstellen, werden wir ein gutes Quartalsergebnis erzielen!»

Derselbe Sachverhalt, zwei Welten. Variante 1 ist Blockiersprache, Variante 2 Begeisterungssprache. Blockiersprache ist negativ, schürt Ängste oder provoziert Abwehr. Begeisterungssprache formuliert positiv, zukunftsgewandt. Dabei geht es nicht um folgenloses «Gesundbeten», sondern um eine optimistische Grundhaltung, die die Aufmerksamkeit auf Handlungsmöglichkeiten legt und nicht auf «Schwierigkeiten» und «Probleme».

Positive Worte – positive Gedanken

Unsere Gedanken sind die Quelle unserer Worte. Doch das funktioniert auch anders herum: Was wir sagen, beeinflusst, was wir denken. Ein Beispiel: «Denken Sie jetzt bitte nicht an ein grünes Kamel!» Ich wette, gerade ist vor Ihrem geistigen Auge ein grünes Kamel aufgetaucht – etwas, das noch nicht einmal existiert! Das Wörtchen «nicht» denkt das Gehirn nicht mit. Aus diesem Grund haben viele positiv gemeinte Floskeln, die sich im Alltag eingeschlichen haben, einen negativen Beigeschmack: «Kein Problem!»; «Nicht schlecht ...»; «Da kann man nicht meckern»; «Das kriegen wir ohne Verzögerung hin». Neben die positive Botschaft schieben sich unweigerlich negative Elemente, eben Probleme, Meckereien, Verzögerungen. Gewöhnen Sie sich an, positiv zu formulieren – so kommt Ihre Botschaft viel besser an. Beginnen Sie gleich hier:

Statt so ...	**... lieber so ...**
1. «Kein Problem!»	Das tue ich gerne. Das ist schnell erledigt.
2. «Nicht schlecht ...»	
3. «Da kann man nicht meckern!»	

4. «Wir müssen ...»	
5. «Das ist doch keine große Sache!»	
6. «Kein Grund zur Panik.»	
7. «Machen Sie sich keine Sorgen!»	
8. «Vorsicht, nicht dass wir umsonst gearbeitet haben.»	
9. ______________________	
10. ______________________	

Vielleicht gibt es ja auch ein paar Negativfloskeln, die sich in Ihrem Wortschatz festgesetzt haben. Notieren Sie diese am besten gleich hier und entwerfen Sie ein positives Pendant. Lösungsvorschläge 2 bis 8 finden Sie neben anderen Begeisterungstools auf unserer Website www.dereiertanz.de.

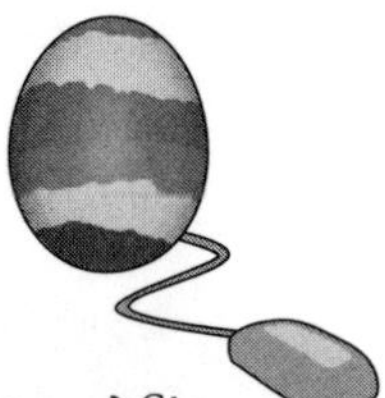

Apropos «müssen»: Wie oft sagen Sie pro Tag, Sie «müssen»? Sie «müssen» noch ein Mitarbeitergespräch führen, Sie «müssen» den Quartalsbericht erstellen, Sie «müssen» heute früher zu Hause sein, weil Ihr Sohn Geburtstag hat, und wahrscheinlich «müssen» Sie zu allem Überfluss am Wochenende noch ins Konzert oder auf ein Fest. Wie schrecklich ;-)! «Kein Mensch muss müssen», heißt es schon bei Lessing.[50] Wer so redet, verliert den Blick für den eigenen Gestaltungsfreiraum; mit «müssen» macht man sich zum Opfer. Das färbt irgendwann auf Ihre Einstellung zum Tagesgeschäft ab. Das gilt auch für andere sprachliche Gewohnheiten. Wie wird bei Ihnen über Kunden und Mitarbeiter geredet? «Der Meier aus der

Buchhaltung?» «Aaah, unsere Marketingexpertin, die Frau Schulze!» «Jetzt ruft diese Nervensäge schon wieder an!» «So ein Blödmann, jetzt will der die Bestellung schon wieder ändern!» In manchen Unternehmen herrscht ein ziemlich ruppiger Umgangston, der unweigerlich auf den Umgang miteinander abfärbt. Es fällt schwer, auf einen «Meier aus der Buchhaltung» mit echter Freundlichkeit zuzugehen. Außerdem geben Sie als Chef die Richtung vor und prägen den Ton in der ganzen Abteilung.

Vermeiden Sie Weichmacher

Oft formulieren wir einschränkend und nehmen damit das Gesagte im gleichen Atemzug halb wieder zurück. «Eigentlich könnten wir jetzt damit starten.» Uneigentlich nicht? Wir könnten, aber wir tun es nicht? Watt denn nu?!, wie der Westfale sagt. Typische Weichmacher auf einen Blick:

eigentlich	irgendwann	demnächst
halt (oder: halt einfach ...)	vielleicht	sozusagen
sag ich mal ...	wir sollten ...	man müsste mal ...
ich glaube ...	ehrlich gesagt ...	äh ... oder: ähm ...
__________ __________	__________ __________	__________ __________

Formulieren Sie präzise, aktiv und ohne die Möglichkeitsform (Konjunktiv). Ihren Mitarbeitern tun Sie mit klaren, eindeutigen Aussagen einen großen Gefallen. Beobachten Sie sich in einem Gespräch selbst, und notieren Sie Ihre typischen Weichmacher gleich oben. Besonders schlimm finde ich übrigens das «ehrlich gesagt». Es lässt die Vermutung aufkommen, dass der Sprecher sonst nicht ehrlich ist. Man würde meinen (auch ein schöner Weichmacher), dass man das lieber ließe. Ohne Weichmacher: Vermeiden Sie das besser!

Formulieren Sie lösungsorientiert
«Wie konnte das bloß passieren?», «Wer hat das verbockt!?», «Was haben Sie sich nur dabei gedacht!?» oder auch «Herrn Soundso wäre das nicht passiert!»: So etwas rutscht einem schon mal heraus – und bringt keinen Deut weiter. Und doch ist das Bohren in Wunden und die Suche nach Schuldigen in vielen Firmen weit verbreitet. Typische Blockiersprache, denn das Gegenüber fühlt sich angegriffen und macht reflexhaft dicht. Suchen Sie lieber Lösungen statt Schuldige und fragen Sie beispielsweise: «Wie werden Sie das zukünftig vermeiden?» oder: «Was werden Sie tun, um das nächste Mal ein besseres Ergebnis zu erzielen?» Mit anderen Worten: Formulieren Sie zukunftsorientiert statt rückwärtsgewandt. Wer permanent in den Rückspiegel schaut, läuft Gefahr, vor dem nächsten Baum zu landen. Besser fahren Sie mit der NIPSILD-Formel: Nicht in Problemen, sondern in Lösungen denken! Trainieren Sie auch Ihre Mannschaft in diesem Sinne.

Wie Sie Ihre Mitarbeiter erreichen und echtes Lob spenden

Begeisternde Chefs erreichen die Herzen Ihrer Mitarbeiter. Das ist ein hehres Ziel, denn viele Vorgesetzte erreichen nicht einmal mehr deren Köpfe. Abstraktes Management-«Denglisch», das an den Leuten vorbeirauscht, ist ebenso schlimm wie Fachchinesisch oder schönfärberische Phrasen. Da ist dann von «Verschlanken» oder «Downsizen» die Rede, wenn es doch um Entlassungen geht. Oder von «strukturellen Maßnahmen, zu denen auch das Outsourcing von Randbereichen gehört», wenn man die hauseigene Kantine schließen will. Unabhängig vom Inhalt kommt diese distanzierte (und distanzierende) Managersprache als arrogant und herzlos an.

Wer sich in jüngerer Vergangenheit im BWL-Studium an diesen Jargon gewöhnt hat und mit Managerkollegen täglich so redet, findet solche Formulierungen oft «ganz normal». Mitarbeiter finden das im Allgemeinen nicht. Wollen Sie verstanden werden? Chefs, die sich nicht darum scheren, ob ihre Leute sie verstehen, signalisieren unterschwellig: Ihr seid es mir nicht wert. Sich auf sein Gegenüber einzustellen, ist auch eine Form des Respekts.

Wenn Sie Gehör finden wollen, sprechen Sie eine einfache, klare Sprache. Wenn Sie wollen, dass Ihre Reden, Appelle und Präsentationen im Unternehmen auf offene Ohren stoßen, verlassen Sie sich nicht auf nüchterne Charts und Statistiken. Geben Sie Beispiele, berichten Sie von persönlichen Erfahrungen, nutzen Sie Bilder und Geschichten, um dem Gesagten mehr Nachdruck zu verleihen. Kostentabellen und Umsatzprognosen beispielsweise lassen viele Menschen kalt. Konkrete Schilderungen, was Mitbewerber alles tun, um einem die Kunden abzujagen, tun das nicht. Der einzige Nachteil dieser Methode: Sie lässt sich nicht mit Powerpoint-Puzzles aus vorhandenen Präsentationen von der Assistenz zusammenbasteln – sie erfordert eigenen Einsatz.

Zu einer persönlichen, adressatenbezogenen Sprache gehört auch, Killerphrasen und andere Motivationskiller zu vermeiden. Typische Sätze, die demotivieren und Gräben aufreißen:

- «Wenn man nicht alles selber macht!»
- «Wie oft soll ich Ihnen noch sagen ...»
- «Tun Sie einfach, was ich sage.»
- «Nehmen Sie es nicht persönlich ...»
- «Das geht ja nicht gegen Sie, aber ...»
- «Das lassen Sie mal meine Sorge sein!»
- «Das kann nicht sein.»
- «Das hat früher auch schon nicht funktioniert!»
- «Das haben hier schon ganz andere versucht!»
- «Sonst noch was?»

- «Ja, aber …»; «Sehr schön, aber …»
- …

Von oben herab gemaßregelt zu werden, nicht ernst genommen zu werden, mit allgemeinen Floskeln mundtot gemacht zu werden – das mögen Erwachsene nicht (Kinder übrigens auch nicht). «Ja, aber …», sagen wir im Alltag sehr häufig. Das Vertrackte: Das «Aber» entwertet in den Ohren des Gegenübers alles, was vorher an Positivem gesagt wurde. Sagen Sie doch einfach: «Ja. Und …!»

Auch beim Lob vergaloppieren sich Chefs gerne. Obwohl Studien und Umfragen immer wieder ergeben, dass Mitarbeiter sich von ihren Vorgesetzen mehr Lob und Anerkennung wünschen und 2010 eine Schweizer Studie «soziale Unterstützung» sogar zur Burn-out-Prophylaxe erklärte,[51] geizen viele Führungskräfte mit Lob. Was ist so schwer am Loben? Merkwürdige Aufrechnungen mögen eine Rolle spielen («Mich lobt auch keiner»), auch Zeitdruck oder die Scheu, Emotionen zu zeigen. Dabei ist gezieltes und berechtigtes Lob ein hervorragendes Steuerungsmittel, um Mitarbeitern zu zeigen, welche Vorgehensweisen Sie als Chef sich wünschen. Und als direkteste Form persönlicher Wertschätzung ist ein gutes Lob ein echtes Begeisterungsmoment. Mit «gut» meine ich hier angemessen, unter vier Augen und vor allem aufrichtig. Also kein Gießkannenlob nach dem Motto «Haben Sie Ihren Mitarbeiter heute schon gelobt?». Kein falscher Überschwang für Selbstverständlichkeiten. Und erst recht kein instrumentelles Lob («Mensch, Meier – Sie sind einfach mein bestes Pferd im Stall. Deshalb komme ich auch zu Ihnen mit dieser Bitte …»). Entwertet wird ein Lob außerdem durch das «Ja, aber»-Prinzip («Klasse gemacht. Aber könnten Sie …») und durch gönnerhafte Untertöne («Hätte ich selbst auch nicht besser gekonnt!»). Richtiges Lob ist zeitnah, präzise, ehrlich gemeint und wertschätzend formuliert. «Frau Müller, Ihre

Präsentation gestern war klasse. Besonders gelungen fand ich, wie Sie komplexe Sachverhalte auf den Punkt gebracht und eingängig bebildert haben. Kompliment!» Gar nicht so schwer – und überaus ratsam, denn: «Die gute Tat, die ungepriesen stirbt, würgt tausend andre, die sie zeugen könnte», heißt es schon bei Shakespeare.[52]

EieRtaNz: BeGEISTerung in schlechten Zeiten?

Weltmeister in Kleinigkeiten sein – gut und schön, mögen Sie denken. Was aber, wenn die raue Wirklichkeit allen Begeisterungsaktionen einen dicken Strich durch die Rechnung macht? Nehmen Sie sich einen Moment Zeit und kreuzen Sie das von Ihnen favorisierte Vorgehen in den folgenden Beispielfällen an.

1. Eine verdiente Führungskraft, kaufmännischer Leiter, über zwanzig Jahre im Unternehmen, ein Mann der ersten Stunde, ohne den es die Firma in der heutigen Form überhaupt nicht gäbe. Inzwischen ist das Unternehmen enorm gewachsen und international aktiv. Damit werden für die Steuerung des Bereichs Qualifikationen erforderlich, die diese Führungskraft nicht mitbringt. Der Mann gibt weiterhin alles, aber es reicht nicht; es bleibt Kreisklasse statt Champions League. Wenn das Familienunternehmen weiter bestehen und wachsen will, braucht man jemand anderen auf diesem Platz. Zwei Stellen sind weder sinnvoll noch finanzierbar. Das Dilemma:

   a) Trennung – wie passt das zum Firmenmotto «Fairness & Teamgeist»? ☐

   b) Keine Trennung – wie passt das zu den wirtschaftlichen Notwendigkeiten? ☐

2. Ein Vertriebsleiter hat eindeutige Spielregeln für den Umgang mit Großkunden aufgestellt. Dazu gehören beispielsweise die strikte Ablehnung kleiner «Gefälligkeiten», um Einkäufer gewogen zu halten, bestimmte Lieferkonditionen, Rabattierungsgrenzen usw. Wer sich nicht daran hält, bekommt eine Abmahnung. Jetzt hat ausgerechnet der beste Vertriebsmitarbeiter gegen diese Regeln verstoßen – jemand, der Traumrenditen erzielt und wichtige Neukunden gewonnen hat. Das Dilemma:

   a) Abmahnen – und das Risiko eingehen, dass der Mitarbeiter frustriert zur Konkurrenz geht? ☐

   b) Nicht abmahnen – und einen Präzedenzfall schaffen, dass die Regeln sooo ernst doch nicht genommen werden? ☐

3. Mittelständisches Unternehmen, in dem der «Familiengeist» betont und gelebt wird: persönliches Klima, ein fürsorglich-patriarchalischer Führungsstil, viele langjährige Mitarbeiter. Wer «beim Wagner» arbeitet, tut das oft seit Jahrzehnten, gibt sein Bestes für die Firma und rechnet dafür mit einem sicheren Arbeitsplatz. Jetzt plant die Geschäftsführung, die eigene Auslieferung zu schließen und die Aufgaben einem externen Dienstleister zu übertragen, um weiterhin wettbewerbsfähig zu bleiben. Das Dilemma:

   a) Outsourcen – und die Empörung der Mitarbeiter angesichts dieser «Ungerechtigkeit» aushalten, mit Folgen für Motivation und Betriebsklima? ☐

   b) Nicht outsourcen – und mittelfristig die Wettbewerbsfähigkeit des Unternehmens gefährden? ☐

Bei ruhiger See hat es ein Kapitän vergleichsweise einfach. Erst bei Sturm oder in schwierigen Gewässern zeigt sich, was ein Schiffslenker tatsächlich draufhat. Aus keiner dieser Zwickmühlen gibt es einen simplen Ausweg. Wegducken und Aussitzen ist keine Lösung, denn Mitarbeiter beobachten sehr genau, ob Worte und Taten übereinstimmen (Fall 1 und 3) und ob gleiches Recht für alle gilt (Fall 2). Mitarbeiter hassen Ungerechtigkeit! Und einmal verspieltes Vertrauen werden Sie nur mühsam wieder gewinnen. Gleichzeitig kann es sich im heutigen harten Wettbewerb kein Unternehmen leisten, auf Dauer wirtschaftlich ineffizient zu handeln.

Vor diesem Hintergrund würde mich in allen drei Dilemma-Fällen für die erste Lösung entscheiden – und in allen drei Fällen intensiv über eine möglichst faire Umsetzung nachdenken. Im Fall des langjährigen kaufmännischen Leiters heißt das: Trennung ja, aber erst nachdem Entwicklungsmaßnahmen gescheitert sind. Und dann auch nicht Knall auf Fall, sondern mit einem zeitlichen Vorlauf, der dem Mitarbeiter Gelegenheit gibt, sich vorzubereiten. Mit größtmöglicher Unterstützung bei der Neuorientierung, zum Beispiel dem Nutzen eigener Kontakte und dem Aussprechen von Empfehlungen. Und mit einer finanziellen Abfederung, die den Verdiensten dieses Menschen angemessen ist. (Mehr zum Thema Kündigung im «Eiertanz» des nächsten Kapitels.)

Im Fall des Topverkäufers bedeutet es: Abmahnung ja, jedoch eingebettet in ein ausführliches Gespräch, das die Gründe noch einmal darlegt und auf Geist und Werte des Unternehmens Bezug nimmt. Und im Fall der teuren Auslieferung heißt es: Outsourcen ja, aber mit größtmöglicher Transparenz der Entscheidung für die betroffenen Mitarbeiter und die übrige Belegschaft. Wie ist die Situation des Unternehmens? Warum müssen Kosten gespart werden? Um wie viel Geld geht es? Auch hier helfen den Betroffenen eine faire Abfindung und Unterstützung bei der Stellensuche. All das wird nicht völlig verhindern, dass Menschen mit Ihnen hadern, sich ungerecht behandelt fühlen und die Beziehung zu Ihnen abbrechen. Doch es erhöht die Chance, Verletzungen so gering wie möglich zu halten. Und es entspricht Ihrer Aufgabe, als Kapitän das Unternehmen auf Kurs zu halten. An einem Schiff, das zu sinken droht, hat auch die Crew nicht mehr lange Freude.

Auch eine Begeisterungskultur kommt nicht ohne unpopuläre Entscheidungen aus. Die Frage ist nur, wie diese Entscheidungen getroffen und wie sie vermittelt werden. Fünf Empfehlungen dazu:

1. Sich der Situation stellen

Meine Erfahrung ist, dass Führungskräfte solche Entscheidungen gerne vor sich herschieben. Das ist menschlich verständlich, geht aber nach hinten los. Wenn das Schiff schon Schlagseite hat, kommt es dann zu hektischen Aktionen. So schwer es fallen mag: Lassen Sie Dilemma-Situationen nicht schleifen. Gehen Sie sie offensiv und möglichst früh an. Vermeiden Sie es auch, unangenehme Aufgaben an Dritte (die Personalabteilung, Externe) zu delegieren. Das beschädigt Ihre Glaubwürdigkeit: Wenn Sie frohe Botschaften übermitteln wollen, können Sie sich bei Hiobsbotschaften nicht wegducken.

2. So offen und klar wie möglich informieren

Tricksen Sie nicht, flüchten Sie sich nicht in Allgemeinplätze. Ihre Crew ist nicht dumm – Sie selbst haben sie schließlich ausgesucht! Gehen Sie davon aus, dass Mitarbeiter häufig schon etwas ahnen und froh sind, wenn endlich Tacheles geredet wird. Beschönigungsversuche werden ebenso durchschaut wie taktische Schwarzmalereien. Reden Sie Klartext und erklären Sie Ihre Entscheidung so, dass Ihr Gegenüber eine Chance hat, diese nachzuvollziehen.

3. Sich auf einen längeren Prozess einstellen

Auch wenn Sie es schnell hinter sich bringen möchten: Stellen Sie sich auf mehrere Gesprächsrunden ein. Es wird erneuten Gesprächsbedarf geben, Nachfragen und Umstimmungsversuche. Das werden Sie aushalten müssen, wenn Sie Ihre Leute so weit eben möglich mitnehmen wollen. Sich in schwierigen Zeiten Zeit zu nehmen, ist auch eine Form von Respekt. Außerdem zeigt es, dass Sie die Angelegenheit selbst nicht auf die leichte Schulter nehmen. Nehmen Sie die Ängste der Menschen ernst, auch wenn sie Ihnen unbegründet oder übertrieben erscheinen. Für den, der sie äußert, sind sie ganz real. Nehmen Sie es als gutes Zeichen, wenn Sie als Chef mit Sorgen Ihrer Mitarbeiter konfrontiert werden. Unruhig sollten Sie werden, wenn Sie nichts mehr hören, obwohl es unter Deck brodelt.

4. Mit gutem Beispiel vorangehen

Achten Sie peinlich genau darauf, dass Sie nicht Wasser predigen und Wein trinken. Überall muss gespart werden, und der Chef bekommt einen neuen Dienstwagen? Das mittlere Management fliegt ab sofort nur noch Economy, der Boss weiterhin erste Klasse? Das Weihnachtsgeld wird halbiert, aber der Bonus für Führungskräfte bleibt üppig? Solche Signale wirken verheerend. Dabei ist es unerheblich, ob die Chefprivilegien wirtschaftlich ins Gewicht fallen oder nicht. Was zählt, ist die Symbolwirkung.

5. Geduld haben

Geben Sie Ihren Mitarbeitern Zeit, die eigenen Gefühle zu sortieren und sich mit den Notwendigkeiten anzufreunden. Reagieren Sie sachlich, auch wenn Ihnen das bei manchen Angriffen schwerfällt. Setzen Sie klare Grenzen, wenn man Sie beleidigt; bleiben Sie ansonsten freundlich und gesprächsbereit. Zur Chefrolle gehört auch, solche Konflikte auszuhalten. Und die Zeit heilt zwar nicht alle, aber doch viele Wunden.

Fürs Logbuch

- Eine Begeisterungskultur ist umso mächtiger, je mehr sie den Alltag prägt. Sorgen Sie dafür, dass gängige Rituale und Ereignisse bei Ihnen an Bord «begeisternd anders» gehandhabt werden.
- Einzelne Begeisterungsmomente sind wie frische Windstöße – sie beflügeln. Durch welche Aktionen können Sie Ihre Mitarbeiter positiv überraschen?
- Was passt zu Ihnen, was zu Ihrer Crew? Auf einer Segeljacht geht es anders zu als auf einem Öltanker. Behalten Sie das im Auge, wenn Sie Ihre Begeisterungsstrategie planen.
- Ein erfolgreicher Kapitän verschafft sich wirksam Gehör – er spricht die richtige Sprache: eindeutig, positiv und lösungsorientiert. Mit Weichmachern, Schwarzmalerei und Schuldzuweisungen bringen Sie das Schiff nicht voran.
- Wer gezielt lobt, stillt nicht nur das menschliche Bedürfnis nach Anerkennung. Er zeigt den Crewmitgliedern, welches Verhalten er sich zukünftig von ihnen wünscht.
- Echte Kapitäne wissen, dass in schwierigen Gewässern unpopuläre Entscheidungen erforderlich sind. Sie tun ihr Bestes, um die Crew von diesen Entscheidungen zu überzeugen.
- Eine Begeisterungskultur ist eine Kultur des Miteinanderredens. Sorgen Sie dafür, dass in kritischen Situationen der Gesprächsfaden nicht abreißt! Das macht kurzfristig Mühe, zahlt sich mittelfristig jedoch in jedem Fall aus.

«Jede Geschäftsleitung hat die Belegschaft, die sie verdient.»
(Tom Peters, US-Beraterstar und Managementguru)

5. Die Mitarbeiter – Wer passt in Ihre Crew?

Wer als Kind Seefahrer- und Piratenfilme geliebt hat, kennt die folgende Szene: Eine zwielichtige Gestalt durchkämmt im Auftrag der Reederei dunkle Hafenkneipen, um neue Seeleute für ein Schiff anzuwerben. Dabei fließt umso mehr Rum, je riskanter das bevorstehende Unternehmen zu sein verspricht. Mancher Matrose begreift so erst auf hoher See, auf welches Himmelfahrtskommando er sich eingelassen hat. Ungefähr zwanzig Filmminuten später zeichnet sich eine Meuterei unter den an Bord Gepressten ab, die den Tag verfluchen, als sie auf den «Baas», der sie anheuerte, hereinfielen. All das entspringt nicht etwa der Fantasie von Drehbuchautoren: Bis zu Beginn des 20. Jahrhunderts bediente sich mancher Heuermaat tatsächlich dubioser Methoden, um arbeitslose Seeleute an Bord zu locken – bis hin zum gefürchteten «Schanghaien», dem Kidnapping betrunkener oder kurzerhand bewusstlos geschlagener Matrosen.

Wer heute wirtschaftlichen Stürmen trotzen will, tut gut daran, genau hinzuschauen, wen er an Bord nimmt. Unternehmen, die BeGEISTerung leben, suchen die Besten. Dabei geht es nicht allein um Sachkompetenz. Mindestens ebenso wichtig ist, dass ein neues Crewmitglied sich für den Unternehmensgeist begeistern kann. Wir haben tatsächlich einen «War for Talents», einen Krieg um die besten Talente. Statt auf großzügige Rumrationen setzen Begeisterungsunternehmen lieber auf Mundpropaganda, auf sorgfältige Auswahlverfahren und auf gezielte Nachwuchsförderung. Ihre Ausbildungsprogramme sind beispielhaft. Hier wird niemand zwischen Tür und Angel eingestellt: Man nimmt sich die Zeit, genau hinzuschauen. Und man schenkt dem Bordmitglied in spe reinen Wein ein, was auf hoher See zu erwarten ist. Das lohnt sich: Hier wird nicht gemeutert, sondern begeistert mit angepackt!

Begeisterungsfähig? So finden Sie die Besten

Seit McKinsey-Chef Ed Michael 1998 den «War for Talents» ausrief, geistert dieses Schlagwort mit schöner Regelmäßigkeit durch die Presse. Es ist schon paradox: Trotz Millionen Arbeitsloser finden viele Unternehmen keine «passenden» Mitarbeiter. Und das betrifft bei Weitem nicht nur die windschnittig «High Potentials» genannten akademischen Überflieger mit Superexamen und Auslandserfahrung. Es fehlen Techniker, Ingenieure, Handwerker, Kundenberater – kurz: Fachkräfte. 2009 bejahten 61 Prozent der mittelständischen Unternehmen die Frage: «Haben Sie generell Schwierigkeiten, für Ihr Unternehmen geeignete Mitarbeiter zu rekrutieren?»[53] Mancherorts müssen zusätzliche Aufträge abgelehnt werden, weil man sie mit der bisherigen Belegschaft nicht bewältigen kann. «Ingenieure händeringend gesucht», meldet beispielsweise die lokale Tageszeitung und schildert den Fall eines Erdbaulabors mit dreizehn Mitarbeitern, das vergeblich nach neuen Kollegen sucht und sein Auftragsvolumen ohne zwei zusätzliche Ingenieure und zwei weitere Techniker kaum noch bewältigen kann.

Wenn ich so etwas lese, fällt mir Henning Senger ein, Chef der Eckhard Senger Gebäudetechnik GmbH & Co. KG mit dreißig Mitarbeitern. Er berichtet von Initiativbewerbungen, von Auszubildenden, die unbedingt bleiben wollen, und von qualifizierten Mitarbeitern, die ihr Glück anderswo versuchten, um schließlich zu Senger zurückzukehren. Sengers Erfolgsrezept: «Der Senger-Geist spricht sich rum!» Als kleiner Mittelständler in der Provinz hat er das geschafft, worüber in Großunternehmen ganze Abteilungen monatelang brüten: Er ist zur Arbeitgebermarke geworden, die gute Leute magnetisch anzieht. Mehr zu diesem außergewöhnlichen Unternehmen lesen Sie ab Seite 169.

Entwickeln Sie Anziehungskraft!

Stellen Sie sich für einen kurzen Moment das folgende Szenario vor: Die besten Schüler der örtlichen Schulen interessieren sich für eine Ausbildung bei Ihnen und geben unaufgefordert ihre Bewerbung ab. Wenn jemand kündigt, klopft nicht selten einer Ihrer Mitarbeiter an Ihre Tür und erzählt, er kenne jemanden, der perfekt auf die Stelle passe. Währenddessen haben Sie schon Ihre Kontaktliste studiert und überlegt, welche Ihrer Praktikanten oder Schüleraushilfen inzwischen fit für den Arbeitsmarkt sein könnten. Außerdem hat Ihre Sekretärin gerade den Ordner mit den Bewerbungen vielversprechender Kandidaten bereitgelegt, denen Sie bei früheren Stellenbesetzungen leider nichts anbieten konnten. Jetzt überlegen Sie, ob Sie zusätzlich noch eine Anzeige schalten sollen oder erst einmal aus diesem Fundus schöpfen.

Zu schön, um wahr zu sein? In vielen Unternehmen sieht Personalsuche tatsächlich ein bisschen anders aus. Nachdem der erste Schreck über einen Abgang verebbt ist, heißt es: Anzeige schalten! Wo ist das Muster vom letzten Mal? Müssen wir da was ändern? Kurzer Blick, eventuell eine kleine Korrektur – und ab damit in die Tageszeitung, in der man immer inseriert! Zwei Wochen später ackert man sich durch größere oder kleinere Körbe von Bewerbungsmappen (oder eine entsprechende Flut von Mails) und stellt wieder einmal fest: Wir haben zu viele ähnliche Bewerber, mit einer ähnlichen Ausbildung, die sich mit ähnlichen Unterlagen und ähnlichen Anschreiben bewerben. Also lädt man schließlich die wenigen Kandidaten ein, die «einigermaßen infrage kommen». Man muss halt nehmen, was man kriegt. Bei der Entscheidung für einen Bewerber schließt man erneut einen Kompromiss («Wird schon noch!»), um schließlich kurz vor Ende der Probezeit ernüchtert Kompromiss Nummer drei zu machen. War halt wieder kein Glücksgriff...

Zunächst: Es ist durchaus verständlich, dass in der Alltagshektik so verfahren wird. In vielen kleinen und mittelständischen Unternehmen ist die Personaldecke dünn. Auf der anderen Seite: Diese Ad-hoc-Politik rächt sich. Wer auf KundenBegeisterung setzt, braucht begeisterungsfähige Mitarbeiter. Er braucht die Besten – zumindest möglichst viele davon, die ihre Kollegen anstecken und mitreißen! Bleiben wir realistisch: An Menschen, die Arbeit als notwendiges Übel und Leistungsanforderungen als Zumutungen betrachten, werden all Ihre Begeisterungsaktionen abprallen. Zu viele davon können Sie sich nicht leisten – Sie kennen die Geschichte vom faulen Apfel, der die anderen in der Kiste ansteckt. Das heißt im Klartext: Sie sollten alles daransetzen, möglichst viele Mitarbeiter aus der kleinen Gallup-Spitzengruppe zu bekommen, die eine «hohe emotionale Bindung» an ihr Unternehmen aufweisen. Und das kostet Arbeit. Doch ich verspreche Ihnen: Diese Zeitinvestition zahlt sich doppelt und dreifach aus, weil Sie von diesen Mitarbeitern Spitzenleistungen erwarten dürfen.

Mitarbeiter-Sog statt Mitarbeiter-Suche

Eine Stellenanzeige aufzugeben und zu hoffen, dass sich die «Richtigen» melden, hat ein bisschen was von einem Glückspiel. Ihr idealer Kandidat muss (erstens) auf der Suche sein, er muss (zweitens) auf die Anzeige stoßen und er muss sich (drittens) davon angesprochen fühlen. Und schließlich müssen Sie (viertens) seine Bewerbung auch noch aus dem Stapel fischen und ihn einladen. Wenn Sie wie das erwähnte Erdbaulabor irgendwo in der Provinz (hier: Borgholzhausen) sitzen, steigert das Ihre Chancen nicht gerade. Denn so schön die «Lebkuchenstadt» im Teutoburger Wald sein mag: Anzunehmen, dass ein ambitionierter Nachwuchsingenieur aus Bayern oder Schwaben seine Frau überzeugen kann, dort hinzuziehen, ist relativ kühn. So viel zur Wirksamkeit von Anzeigen in «Fachzeitschriften», die die Inhaber des Labors in ihrer Verzweiflung schalteten.

Meine Empfehlung lautet daher: Fischen Sie nicht im Trüben. Sorgen Sie dafür, dass gute Mitarbeiter Sie finden! Genau das verbirgt sich hinter der modischen Redeweise von der «Arbeitgebermarke». Echte Marken üben eine starke Anziehungskraft aus. Voraussetzung: Man weiß genau, wofür sie stehen. Als Unternehmen mit einer Begeisterungskultur sind Sie bereits eine Topmarke unter den Unternehmen. Sie müssen nur dafür sorgen, dass sich das auch herumspricht! Konkrete Schritte:

1. Wo geht die Reise hin? Bringen Sie Ihren Unternehmensgeist auf den Punkt.

___

___

___

(Ihr Unternehmensgeist in einem Satz)

2. Rekapitulieren Sie: Wie leben Sie den Geist im Unternehmensalltag?

___

___

___

(Was bieten Sie Ihren Mitarbeitern?)

3. Welche außergewöhnlichen Begeisterungsaktionen sorgen für Gesprächsstoff?

____

____

____

(Was werden Ihre Mitarbeiter weitererzählen? Welche «Storys» bieten Sie?)

4. Wodurch machen Sie Ihre Mitarbeiter zu Botschaftern Ihres Unternehmens?

____

____

____

(Wertschätzen beziehungsweise belohnen Sie Weiterempfehlungen Ihrer Mitarbeiter?)

5. Durch welche Initiativen können Sie außerdem auf Ihr Unternehmen aufmerksam machen?

____

____

____

(Welche Veranstaltungen, Aktionen und Messeauftritte sorgen für Aufmerksamkeit bei möglichen neuen Mitarbeitern?)

Damit wird klar: Eine echte, gelebte Begeisterungskultur ist das beste Mittel, gute Mitarbeiter zu gewinnen. Menschen reden über ihre Arbeit, sowieso. Wenn Ihre Mitarbeiter begeistert von ihrer Arbeit erzählen – vielleicht nicht immer, aber eben immer öfter –, ist das die beste Voraussetzung für eine Sogwirkung. Diese Sogwirkung können Sie verstärken, indem Sie Ihren Mitarbeitern deutlich sagen: Wir sind eine gute Crew. Und wer ein tolles neues Crewmitglied kennt, sagt mir bitte Bescheid! Ob Sie das mit einer Prämie verbinden oder auf das Eigeninteresse Ihrer Mitarbeiter setzen, gute neue Kollegen zu gewinnen, bleibt Ihnen überlassen. Erfahrungsgemäß kennen gute Leute andere gute Leute. Hinter alldem steckt ein wichtiges Erfolgsprinzip:

Suchen Sie neue Mitarbeiter, bevor Sie sie brauchen

Schaffen Sie Kennenlernmöglichkeiten – Anlässe, bei denen zukünftige Mitarbeiter auf Ihr Unternehmen aufmerksam werden, und umgekehrt Anlässe, bei denen Sie auf vielversprechende Neuzugänge aufmerksam werden können. Wenn Sie möglichst gute, begeisterungsfähige Mitarbeiter wollen, ist Personalsuche mehr als eine Anzeige hier und da oder die gelegentliche Teilnahme an einer Jobmesse. Wer BMW, Lufthansa oder Wella heißt, vertraut auf die Strahlkraft seiner Marke(n), die mit massivem Werbeaufwand am Leben erhalten wird. Doch auch ein kleines oder mittelständisches Unternehmen kann regional eine solche Strahlkraft entfalten. Was Sie dafür tun können:

- *Feste:* Die Fleischerei Richter zieht bei einem Sommerfest 30 000 Menschen an; beim team baucenter Kiel veranstaltet man einen Familientag; EDEKA Wehrmann lädt Familien und Freunde neuer Azubis zu einer Azubi-Party vor Ausbildungsbeginn ein. Welche Publikumstage veranstalten Sie?
- *Zeitweilige Kräfte:* Schauen Sie bei Aushilfen, Praktikanten und Schülerkräften genau hin und nehmen Sie nur die wirklich vielversprechenden. Beziehen Sie diese Mitarbeiter in Ihre Begeisterungskultur ein, begeistern Sie auch sie! Halten Sie Kontakt zu denjenigen, die sich in der Praxis bewährt haben: Laden Sie sie zu Unternehmensfeiern ein, gratulieren Sie zum Geburtstag, setzen Sie sie auf die Liste für Weihnachtsgrüße!
- *Werbung an Schulen:* Bieten Sie Führungen durchs Unternehmen und Schülerpraktika an. Schicken Sie Ihre Azubis auf Werbetour – Sie können Gleichaltrigen am besten vermitteln, wo-

rauf es bei Ihnen ankommt. Knüpfen Sie gezielt Kontakte zu Lehrern, die Sie auf handwerklich geschickte, serviceorientierte oder mathematisch begabte Schüler aufmerksam machen.

- *Verbundausbildung:* Arbeiten Sie mit Fachhochschulen und Universitäten zusammen – im Rahmen von praxisbezogenen Diplomarbeiten und Verbundstudiengängen. Dass das nicht nur etwas für Großunternehmen ist, beweist Senger Gebäudetechnik. Als einziges Unternehmen im Raum Osnabrück ist sie Kooperationspartner der Ostfalia Hochschule Wolfenbüttel im Verbundstudiengang «Energie- und Gebäudetechnik» und führt gemeinsam mit der Fachhochschule zum «Bachelor of Engineering» und zum oder zur «Anlagemechaniker/-in in der Sanitär-, Heizungs- und Klimatechnik». Senger hat dreißig Mitarbeiter! So etwas können Sie auch!
- *Auszeichnungen und Preise:* Nehmen Sie an Wettbewerben teil, in denen vorbildliche Ausbildungsbetriebe und Unternehmen prämiert werden. Durch eine Teilnahme bekommen Sie nicht nur Anregungen für eine Optimierung Ihres Unternehmensalltags; Sie erwerben auch ein Gütesiegel, das Bewerber anlockt, wenn Sie zu den Gewinnern gehören. Wettbewerbe sind zum Beispiel «Top Job», wo jährlich die «besten Arbeitgeber im Mittelstand» prämiert werden (www.topjob.de), oder «Deutschlands Beste Arbeitgeber», ein jährlicher Wettbewerb in Zusammenarbeit mit dem «Handelsblatt» (www.greatplacetowork.de). Verbände, Industrie- und Handelskammern, Handwerkskammern, Regionen und Städte loben regionale oder branchenspezifische Preise für die «besten Ausbildungsbetriebe» aus.
- *Unternehmenspräsentation:* Im Zeitalter von Youtube ist ein überzeugendes Unternehmensvideo ein wunderbares Rekrutierungsinstrument, insbesondere wenn Sie jüngere Mitarbeiter ansprechen wollen. Ein solcher Kurzfilm sollte den Geist Ihres Unternehmens realistisch und anziehend widerspiegeln. Schöne

Beispiele sind die Videos «Wir sind Runners Point» unter www.runnerspoint.de/job.htm und «Deine Ausbildung mit Zukunft bei der Fleischerei Richter» unter www.richter-fleischwaren.de/tl/ausbildung.html. So schaffen Sie echte Wow-Erlebnisse!
- *Pressearbeit:* Sorgen Sie dafür, dass die Lokalpresse über Sie berichtet. Dafür müssen Sie den Journalisten einen Anlass bieten. Neben Preisverleihungen sind etwa Firmenjubiläen, Publikumstage, das Schaffen zusätzlicher Ausbildungsplätze, Aktionen in und mit Schulen, Sponsoring, Innovationen und ungewöhnliche Erfolge Anlässe für Artikel. Nur: Die Journalisten müssen wissen, was sich bei Ihnen tut. Mit einem zündenden Pressetext oder einem rechtzeitigen Anruf in der Zeitungsredaktion lenken Sie die Aufmerksamkeit auf Ihr Thema.

Locken Sie gezielt gute Bewerber an und nutzen Sie die verschiedenen Kanäle, um deutlich zu machen, worauf es Ihnen ankommt. Präsentieren Sie sich als ehrgeiziges Unternehmen, das leistungsorientierten Mitarbeitern Spielräume und Entwicklungsmöglichkeiten bietet – kurz: als Premiummarke! Nebenbei bemerkt: Es schadet nichts, wenn Sie all jene von vornherein abschrecken, die keinen begeisternden, sondern vor allem einen bequemen Job suchen!

Schauen Sie ganz genau hin!

Das Prinzip Hoffnung ist kein gutes Auswahlinstrument, wenn man exzellente Mitarbeiter sucht. Sie brauchen ein systematisches Rekrutierungsverfahren, das Ihre Einstellungspraxis weitmöglichst von Zufällen, trügerischem «Bauchgefühl» und Ihrer persönlichen Tagesform befreit. Weder Sie noch ich sind gegen Sympathiefehler gefeit; und sympathisch sind uns in der Regel Menschen, die ähnlich ticken wie wir selbst. Das genügt für ein nettes Kneipengespräch, sagt jedoch nichts über die fachliche oder persönliche Eignung Ihres Gegenübers für eine bestimmte Aufgabe im Unternehmen aus. Und weder Sie noch ich können ohne gute Vorbereitung hinter die Fassade eines Bewerbers schauen, der sich mit einschlägiger Ratgeberliteratur fürs Vorstellungsgespräch fit gemacht hat. Wer hier nur Standardfragen stellt, läuft Gefahr, nicht den bestgeeigneten Bewerber, sondern stattdessen den besttrainierten zu engagieren. Ein gutes Bewerbungsverfahren ist

- mehrstufig (um Fehlurteile zu minimieren),
- standardisiert (um Vergleichbarkeit sicherzustellen),
- stellenspezifisch/praxisorientiert (auf die Fertigkeiten und Fähigkeiten zugeschnitten, die später im Job tatsächlich gebraucht werden) und vor allem
- begeisternd!

Wer als Bewerber Ihr Unternehmen betritt, sollte den besonderen Geist dort spüren und sich herzlich willkommen fühlen. Setzen Sie sich auch hier hohe Ziele. Im besten Fall meint Ihr Bewerber abschließend: «Wissen Sie – unabhängig davon, ob ich die Stelle bekommen werde –, das, was ich bei Ihnen erlebt habe, hat mich begeistert! So etwas hab ich noch nie erlebt. Vielen Dank dafür!» Bei einem unserer Kunden, der bei der Mitarbeitergewinnung auf Wow-Erlebnisse setzt, erklärte ein Bewerber, dem schon die Begrüßung, der Empfang etc. «merk-würdig» vorkamen, der Mitarbeiterin noch auf dem Flur: «Entschuldigung, ich bin mir nicht ganz sicher, ob Sie mich verwechseln, ich bin doch nur der Bewerber!»

Im Folgenden eine Übersicht der Auswahlinstrumente, die Ihnen zur Verfügung stehen. Das bedeutet nicht, dass Sie jedes dieser Instrumente bei jeder Mitarbeitersuche einsetzen müssen. Andererseits ist es ein Trugschluss, dass es bei der Besetzung «einfacher» Positionen nicht so sehr darauf ankommt. Ein Unternehmen, das Kunden wirklich begeistern will, braucht am Empfang und auch beim Reinigungspersonal echte Spitzenkräfte. Und was ein gleichgültiger Hausmeister anrichten kann, wissen Sie ja auch.

So finden Sie die Besten!

Mehrstufiges Auswahlverfahren statt «kurzer Prozess»

Anforderungsprofil formulieren	• Was muss der Mitarbeiter können? • Was genau sind seine Aufgaben? • Welche Eigenschaften bringt jemand mit, der zum Geist Ihres Unternehmens passt?
▼	
Netzwerk konsultieren, vorliegende Initiativ-Bewerbungen sichten	• Passende vielversprechende Kandidaten kontaktieren
▼	
Anzeige schalten	• Text, der dem Unternehmensgeist entspricht und Anforderungen präzise benennt
▼	
Rückmeldung an Bewerber	• Schnelle Eingangsbestätigung der Bewerbung • Auch die Absagen und Einladungen sollen begeistern und bereits den Unternehmensgeist widerspiegeln
▼	
Auswertung der Bewerbungen	• Wer entspricht dem Anforderungsprofil am besten und geht auf den Geist des Unternehmens ein?
▼	
Online-Recherchen	• Was verrät das Netz über mögliche Kandidaten?
▼	
Bewerberfragebogen an mögliche Kandidaten verschicken	• Fragen zu persönlichen Stärken und Schwächen, Bewerbungsmotiven und Erwartungen des Bewerbers
▼	

Telefoninterview mit den ausgewählten Bewerbern	• Dreissig Minuten begeisterndes Interview • Ersteindruck: Passt jemand in die Begeisterungskultur?
Einladung ausgewählter Bewerber (Vorstellungsgespräch/ «Bewerbertag»)	• Interviewleitfaden, der sich nicht auf Standardfragen aus der Bewerbungsliteratur verlässt • Praxisorientierte Übungen, die dem späteren Arbeitsalltag angepasst sind
Probearbeit der ausgewählten Bewerber im Unternehmen	• Wow-Erlebnisse schaffen • Drehbuch für diesen Tag erstellen • Wie macht sich die Person in der Praxis? • Was sagen die Kollegen? • Passt er/sie ins Team?
Arbeitsvertrag an besten Bewerber	• Eindeutiges Stellenprofil • Klare Formulierung der Erwartungen an den Mitarbeiter
Probezeit	• Freundlicher, gut vorbereiteter Empfang • Systematische Einarbeitung (Pate!) • Klare, messbare Ziele für die Probezeit • Intensive Feedbackgespräche (nach einer Woche, vier Wochen, drei Monaten)
Auswertung der Probezeit (100-Tage-Check)	• Spätestens zur Halbzeit umfassende Zwischenbilanz • Falls die Zusammenarbeit doch nicht passt: Lieber ein Ende mit Schrecken als ein Schrecken ohne Ende!
Übernahme in die Festanstellung	• Glückwunsch! • Kleine Begeisterungsaktion (Geschenk? Blumen?) • Umsetzen eventueller Vereinbarungen aus dem Arbeitsvertrag

Zu aufwendig? Dann halten Sie bitte den Aufwand dagegen, den Sie ein «kurzer Prozess» im schlimmsten Fall kosten kann:

- Anzeigenkosten ca. € ________
- Arbeitszeit für Auswahl/Gespräche ca. € ________
- Arbeitszeit für Einarbeitung ca. € ________
- Geringere Produktivität, bis ein neuer Mitarbeiter voll einsetzbar ist ca. € ________
- Geringere Produktivität bei einer «Fehlbesetzung» der Stelle ca. € ________
- Vergraulte Kunden, verloren gegangene Aufträge durch «Fehlbesetzung» ca. € ________
- Mögliche Trennungskosten nach der Probezeit (Anwalt, Gerichtskosten, Abfindung) ca. € ________
- Kosten für neue Suche ca. € ________

Bei der Addition dieser Posten kommen Sie rasch auf ein Jahresgehalt des Mitarbeiters. Und sollte auch nur einer Ihrer Topkunden zum Mitbewerber wechseln, weil er schlecht betreut wird, ergibt sich möglicherweise ein Vielfaches. Siebzig Prozent aller Kunden gehen durch «unfreundliche beziehungsweise nicht unternehmensorientierte Mitarbeiter» verloren, hat das «Deutsche Marketingbarometer» herausgefunden. «Neue Gewohnheiten» oder Umzug folgen als weit abgeschlagen. Kein Wunder also, dass «Hidden Champions» (mittelständische Weltmarktführer) unter anderem auf einen rigorosen Auswahlprozess bei der Einstellung neuer Mitarbeiter setzen.[54] Machen Sie die Auswahl neuer Mitarbeiter daher zur Chefsache und nehmen Sie sich Zeit dafür. «Doppelte Vorbereitungszeit, halbe Ausführungszeit» lautet beispielsweise die Devise von Detlef Jahnke, Geschäftsführer des team baucenter Kiel. Das betrifft einerseits genaue Vorabüberlegungen, was ein neuer Mitarbeiter mitbringen soll, andererseits auch ausführliche Bewerbungsgespräche: «Einmal zwei Stunden zu investieren, bringt mir mittelfristig sehr viel mehr, als in zwanzig Minuten bei einer Tasse Kaffee durch das Gespräch zu rauschen.»

Begeistern Sie die richtigen Bewerber!

Ein erfolgreiches Unternehmen, das seine Kunden immer wieder positiv überrascht und begeistert, ist für uns im BegeisterungsLand ein «buntes Ei» im Einerlei der Durchschnittsanbieter. Wenn Sie den Geistlauf (siehe Seite 26 erfolgreich anstoßen und dafür die richtigen Mitarbeiter gewinnen wollen, sollte Ihr Unternehmen auch für Bewerber ein solches buntes Ei sein – ein möglicher Arbeitgeber, der schon vor einer Anstellung für viele positive Aha-Effekte sorgt. Einige Anregungen dafür, wie Sie anders, bunter, begeisternd sein können:

Ihre Anzeige

Leuchtet Ihr Unternehmensgeist aus Ihrer Anzeige hervor? Sprechen Sie eine klare eigene Sprache abseits der beliebten Anzeigenfloskeln von «teamfähig» bis «belastbar»? Wer überdurchschnittliche Bewerber aufmerksam machen möchte, setzt hier auf eine besondere Sprache. Die Überschrift als Blickfang und die Selbstbeschreibung Ihres Unternehmens sollten gleich die richtigen Bewerber ansprechen. Ein Beispiel: Für einen Dienstleister, der Immobilienunternehmen einen Messservice anbietet, texteten wir:

> ***Erfolgshungrig?***
> ***Kundenberater/in gesucht!***
>
> *Wir sind die Profis in Sachen «Wärme und Wasser messen» und als Dienstleister in der Immobilienbranche für unseren besonderen Service aus Begeisterung bekannt. Um unsere Erfolgsgeschichte in Ostwestfalen-Lippe fortzusetzen, verstärken wir unser Vertriebsteam!*

Hier ist erkennbar Tatkraft und Dynamik gefragt. Entsprechend präzisierten wir die Anforderungen an neue Mitarbeiter:

> ***SIE ...***
> *... bringen eine solide Berufserfahrung und Branchenkenntnisse mit*
> *... nehmen Ihre Aufgaben gern verantwortlich und zielorientiert wahr*
> *... beraten und betreuen unsere Kunden selbstständig und fachkompetent*
> *... verkaufen mit Leidenschaft und Ausdauer unsere Produkte und*
> *... begeistern durch Ihr Auftreten auch Neukunden für uns*
>
> ***SIE sagen: «JA, ich will...!***
> *... eine neue Herausforderung und große Ziele erreichen!*
> *... eine sichere Zukunft und mehr Erfolg!»*

Reden Sie Klartext; verlassen Sie sich nicht auf Allerweltsformeln. Senger Gebäudetechnik stellt sich Bewerbern als «traditionsreiches Familienunternehmen» vor und erwartet von zukünftigen Azubis «einen Realschulabschluss oder, besser, Freude an handwerklichen Arbeiten sowie am Umgang mit unterschiedlichen Menschen». Wer sich bei Runners Point bewerben will, liest in der Anzeige: «Mit bundesweit mehr als 100 Filialen und rund 1000 sportbegeisterten, engagierten und gut geschulten Mitarbeitern liegen wir bei unseren Kunden in punkto Sortiment, Beratung und Service ganz weit vorn. Denn Laufen ist unsere Leidenschaft.» Wer nur «irgendetwas» verkaufen will, ist hier eindeutig falsch. Von jedem Bewerber wird ausdrücklich «Sportbegeisterung (laufauthentisch)» erwartet.

Die Abwicklung der Bewerbung
Eine umgehende Eingangsbestätigung, ein zügiges Bewerbungsverfahren, ein freundlicher Ton in allen Schreiben von der Einladung ins Vorstellungsgespräch bis zur Rücksendung der Bewerbungsunterlagen – all das ist nicht selbstverständlich und hebt Sie positiv von anderen Unternehmen ab.

Das Vorstellungsgespräch
Ein Matrose, der auf einem Schiff anheuert, will wissen, wohin die Fahrt geht und was ihn erwartet. Ihrem Bewerber geht es nicht anders! Malen Sie ein lebendiges Bild Ihres Unternehmens: Welcher Geist herrscht? Mit welcher Mission sticht man in See? Beobachten Sie genau, ob sich Ihr Gegenüber für Ihren Kurs begeistern kann, ob er nachfragt und selbst Ideen hat oder eher skeptisch wirkt. Die erste Frage jedes Bewerbers ist also, auf was für einem Schiff er anheuert, die zweite die nach der eigenen Verantwortung. Was erwarten Sie vom neuen Crewmitglied? Dabei geht es weniger um nüchterne Stellenbeschreibungen als vielmehr um weiche Faktoren wie Einsatzfreude, Neugier, BeGEISTerung für Ihre Kunden – kurz: um jene Eigenschaften, die den Geistlauf in Bewegung halten. Erst an dritter Stelle und gegen Ende des Gesprächs sollte es um fachliche Themen gehen. Fachkenntnisse sind wichtig, doch sie lassen sich nachschulen – entsprechende Bereitschaft und Lernfreude vorausgesetzt. Persönliche Eigenschaften dagegen verändern sich wenig. Wichtig ist, dass der neue Matrose begeistert mitsegeln will, denn in einer Begeisterungskultur brauchen Sie engagierte Mit-Reisende, keine Mit-Arbeiter mit Dienst-nach-Vorschrift-Mentalität.

Führen Sie ein Vorstellungsgespräch mit einem guten Kompass in der Hand: einer lebendigen Präsentation in eigener Sache und einem Fragenkatalog, der Ihrem Geist entspricht. Hundert Beispielfragen finden Sie auf unserer Website www.dereiertanz.de. Ein

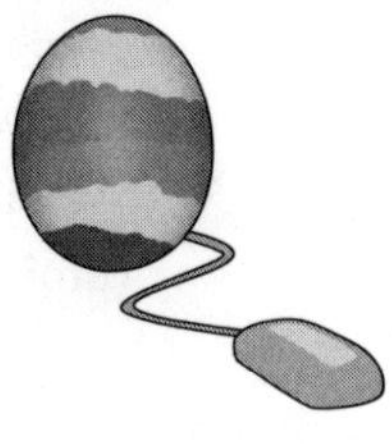

gutes Mittel, um aus dem Katalog immergleicher Standardfragen auszubrechen, ist die Schilderung von Situationen aus dem Unternehmensalltag.

Zwei Beispiele:

- Ein Kunde stürmt zehn Minuten vor Geschäftsschluss in den Laden, weil sein XY-Gerät gerade den Geist aufgegeben hat. Was tun Sie?
  a) Ich stelle Prospektmaterial zusammen und bitte den Kunden, am nächsten Tag um 9 Uhr wiederzukommen.
  b) Ich verweise darauf, dass wir gleich schließen.
  c) Ich nehme mir Zeit für eine Beratung und schließe eine Viertelstunde später.
- Sie beobachten, dass ein Kollege ein defektes Teil, das ihm kurz zuvor aus der Hand geglitten ist, ungerührt beim Kunden einbauen will. Was tun Sie?
  a) Nichts. Der Kunde kann gegebenenfalls ja später reklamieren.
  b) Ich nehme den Kollegen zur Seite und überzeuge ihn, dass das nicht geht.
  c) Ich melde den Vorfall abends dem Vorgesetzten.

Weitere unübliche Fragen, auf die Sie eher authentische Reaktionen bekommen:

- Was haben Sie in Ihrem jetzigen Job Neues gelernt? Was machen Sie heute anders (besser) als vor zwei, drei oder vier Jahren?
- Was gefällt Ihnen am derzeitigen Job besser als an dem davor? Was hat Ihnen umgekehrt an Ihrer vorherigen Aufgabe besser gefallen?
- Wie würden Ihre heutigen Kollegen Sie beschreiben?
- Wer in Ihrer jetzigen Firma ist ein Vorbild für Sie – und warum?

- Stellen Sie sich vor, Sie könnten Ihr Arbeitszeugnis für den Job hier bereits heute schreiben: Was sollte darin stehen?

Erarbeiten Sie einen Gesprächsleitfaden, den Sie auf die jeweilige Position hin anpassen. Nur so können Sie die Bewerber untereinander wirklich vergleichen. Schenken Sie den Bewerbern reinen Wein über Ihr Unternehmen und die anstehende Aufgabe ein, präsentieren Sie nicht nur die Schokoladenseite. Erfolgshotelier Klaus Kobjoll vom «Schindlerhof» bei Nürnberg etwa macht sich für eine Hausführung an alle «Schandflecke» des Unternehmens stark. Vertrauen ist die Basis von BeGEISTerung. Und die wird sich kaum einstellen, wenn ein Neuzugang am Ende der ersten Woche im Unternehmen ernüchtert feststellt, wie der Hase bei Ihnen wirklich läuft. Schildern Sie, welcher Geist bei Ihnen im Unternehmen herrscht und was Sie von Neuzugängen erwarten. Henning Senger etwa sucht Führungskräfte, die gemeinsam mit ihrem Team etwas bewegen und sich auch persönlich weiterentwickeln wollen. «Eigenbrötler» oder «Verwalter» sind bei Senger Gebäudetechnik nicht gefragt. Wer das als Arbeitgeber weiß, kann das im Vorstellungsgespräch deutlich formulieren und auch durch situative Fragen «antesten».

Ein Praxistest

Verlassen Sie sich nicht allein auf Lippenbekenntnisse im Vorstellungsgespräch. Verschaffen Sie sich einen Eindruck, wie der mögliche Mitarbeiter in der Praxis zurechtkommt. Dafür eignen sich Probearbeitstage oder auch ein strukturierter Auswahltest. Assessment-Center sind – teilweise zu Recht – als praxisferne Veranstaltungen in Verruf geraten, bei denen der beste «Schauspieler» gewinnt. Wenn wir selbst «Praxisbewerbertage» für unsere Kunden durchführen, setzen wir auf Aufgaben aus dem Arbeitsalltag. Zukünftige Vertriebsmitarbeiter erstellen beispielsweise eine Kurzpräsentation des Unternehmens und zeigen im Rollenspiel, wie sie ein

Verkaufsgespräch führen. Spielen Sie vorab mit offenen Karten und teilen Sie den Kandidaten mit, was sie ungefähr erwartet. Unsere Philosophie deckt sich da mit der von Udo Kithier, Personalentwickler bei Runners Point: «Im AC wollen wir die Leute nicht unnötig unter Druck setzen. Wir wollen ja sehen, was sie können, und nicht, was sie nicht können. Das soll eine faire Plattform sein.» Geben Sie allen Kandidaten ein umfassendes Feedback. So profitieren auch diejenigen, denen Sie keine Position anbieten. Auch sie sollen Ihr Unternehmen in guter Erinnerung behalten!

Probearbeit im Unternehmen hat den Vorteil, dass Sie das Votum der zukünftigen Kollegen mit in Ihre Entscheidung einbeziehen können. Erfahrungsgemäß bringt es nichts, einen Kandidaten oder eine Kandidatin gegen ein Team installieren zu wollen. Dabei geht es nicht nur um den «Nasenfaktor»: Die Praktiker haben oft ein Gespür dafür, ob der oder die Neue es packen wird. Um dieses Votum auf eine sichere Basis zu stellen, entwerfen wir für unsere Kunden spezielle «Bewerbertage» mit einem minutiösen Arbeitsdrehbuch. Das Drehbuch umfasst vorbereitete Aufgaben, inszenierte Testanrufe und andere Anforderungen aus der Praxis. Auf diese Weise finden Sie wirklich die fähigsten Mitarbeiter, denn ein systematischer Praxistest ist in jedem Fall aussagekräftiger, als einen Bewerber «mal einen Tag mitarbeiten» zu lassen.

Keine Kompromisse

Entscheiden Sie sich nur für Bewerber, von denen Sie wirklich überzeugt sind. Faule Kompromisse rächen sich fast immer. Und empfangen Sie die Bewerber, für die Sie sich entschieden haben, mit offenen Armen:

- Bieten Sie faire Konditionen. Wer Überdurchschnittliches von seinen Leuten erwartet, darf nicht unterdurchschnittlich zahlen.
- Unterstützen Sie neue Mitarbeiter beim Umzug.
- Stellen Sie ihnen einen Paten zur Seite.

- Heißen Sie sie am ersten Tag herzlich willkommen (siehe Kapitel 4 zum «Drehbuch» für den Einstieg).

Wenn Sie Stars gewinnen und halten wollen, rollen Sie ihnen einen roten Teppich aus! Denn: Begeisterungsfähige, hoch motivierte Mitarbeiter haben auch anderswo Chancen. Wenn Sie ein solches Juwel entdeckt haben, sollten Sie dafür sorgen, dass es bei Ihnen bleibt! Und: Talentierte Mitarbeiter sind nicht immer «pflegeleicht» – sie haben ihren eigenen Kopf, eigene Ideen. Das haben Sie doch gesucht, oder?

Ausbildung statt Einkauf: Ziehen Sie eigene Führungskräfte heran!

«Wir haben keine Zeit, um neue Mitarbeiter anzulernen. Sie müssen sich bereits bestens auskennen», sagt einer der Chefs des Tiefbauunternehmens, das «händeringend» Fachleute sucht. Das erinnert ein wenig an die Geschichte vom Waldarbeiter, der sich schweißüberströmt an einem Baum abmüht und auf die vorsichtige Frage eines Passanten, warum er nicht erst die Säge schärfe, empört zurückgibt: «Dazu habe ich nun wirklich keine Zeit!» Alle Begeisterungsunternehmen, die wir kennen, investieren intensiv in den eigenen Nachwuchs. Das beginnt bei der Bereitstellung von Ausbildungsplätzen und endet bei unternehmenseigenen Akademien, etwa im Fall der Fleischerei Richter. Man kann nur ernten, was man zuvor gesät hat. Exemplarisch möchten wir Ihnen eines dieser begeisternden Ausbildungskonzepte vorstellen.

Die Ausbildungsphilosophie von EDEKA Wehrmann

«Unsere Mitarbeiter sind die Besten in der Branche», steht stolz auf der Broschüre zum Thema Ausbildung. Wer zu lesen beginnt, gerät bald ins Staunen. Was Peter Wehrmann und sein Team ihren Nachwuchskräften bieten, hat nichts mit den klassischen «Lehrjahren» zu tun, die angeblich keine Herrenjahre sein sollten. «EDEKA Wehrmann will dazu beitragen, dass Azubis sich aktiv zu selbstständigen, selbstbewussten und kommunikativen Persönlichkeiten entwickeln», unterstreicht Peter Wehrmann. Dahinter steckt das Bewusstsein, dass gerade die Jahre zwischen sechzehn und zwanzig für die Persönlichkeitsbildung enorm wichtig sind: Mit dem Eintritt in den Beruf gilt es, sein Leben immer eigenständiger zu gestalten und seinen eigenen Weg zu finden. EDEKA Wehrmann gibt sich deshalb nicht mit dem klassischen Pflichtprogramm kaufmännischer Ausbildung aus Berufsschule und Unternehmenspraxis zufrieden, sondern fordert und fördert seine Azubis mit einem ehrgeizigen «Kür-Programm». Auszubildende übernehmen in der «Azubi-Woche» die Marktleitung, sie repräsentieren das Unternehmen mit einem Messestand beim lokalen Stadtfest und vertreten es auf Ausbildungsbörsen. Sie nehmen an «Trendscout-Reisen» im In- und Ausland teil und kommen vierteljährlich zum «Azubi-Treff» zusammen. Dort stehen Themen auf dem Programm, die weder in der Berufsschule noch im Marktalltag vermittelt werden, etwa Präsentationstechniken, Arbeiten im Team, Kommunikation und Umgangsformen. Fachliches Know-how wird einmal monatlich in Zusatzschulungen der EDEKA vertieft. Außerdem übernimmt das Unternehmen die Kosten für ein Betriebspraktikum im Ausland oder in Spitzenunternehmen der Lebensmittelbranche. Ein Azubi, den es nach Italien zieht, berichtet hinterher seinen Kollegen über das im ausländischen Einzelhandel Erlebte. Doch es bleibt nicht bei reinen Erzählungen: Der Praktikant setzt gewonnene Anregungen in mehreren «italienischen Aktionen» im Markt um.

Damit nicht genug: Die Nachwuchskräfte nehmen an der Jahreszielplanung der Märkte teil und arbeiten im unternehmenseigenen Qualitätsprogramm WEM (Wehrmann Excellence Modell) mit. «Es geht uns darum, Führungsaufgaben mit Eigenverantwortlichkeit und Entscheidungskompetenz erfahrbar zu machen», erläutert Peter

Wehrmann. Konsequenterweise vertraut man den jungen Leuten die Leitung von Teilprojekten an. Damit ist klar: Hier geht es um mehr als um einsatzfähige Verkäuferinnen oder Einzelhandelskaufleute. Es geht darum, junge Menschen tatkräftig darin zu unterstützen, ihr Leben selbst in die Hand zu nehmen und das Beste aus ihren Möglichkeiten zu machen. Das jährliche Klosterseminar unter der Überschrift «Du bist Architekt Deines Lebens» ist in diesem Gesamtkonzept das Tüpfelchen auf dem i. Und ganz «nebenbei» gewinnt das Unternehmen so schon heute die Topleute von morgen. Übrigens: Seine Auszubildenden rekrutiert EDEKA Wehrmann vorwiegend aus dem Kreis der Schüleraushilfen, die beispielsweise Warenregale bestücken, Leergut entgegennehmen oder für Ordnung und Sauberkeit sorgen. Wer hier positiv auffällt, wird angesprochen: «Wir suchen unsere Auszubildenden aktiv aus», so Geschäftsführer Wilhelm Bischoff.

Hochseetauglich? So schweißen Sie die Crew zusammen

Ein gutes Arbeitsklima rangiert bei den Motivationsfaktoren für viele Menschen ziemlich weit oben – laut einer Studie des «Harvard Business Manager» auf Platz zwei hinter einem übergeordneten «Zufriedenheitsgefühl».[55] Wer sich zugehörig und im Team anerkannt fühlt, ist eher bereit, sich für die gemeinsame Sache ins Zeug zu legen. In einem schlechten Klima dagegen dominieren Konkurrenzdenken und das Beharren auf Zuständigkeiten. Eine exzellente Crew ist aufeinander eingespielt und diskutiert nicht lange, wer die Segel einholen oder das Deck schrubben soll. Wie fördern Sie als Chef einen solchen Gemeinschaftsgeist?

Stärken Sie den Teamgeist!

Ein starkes «Wir-Gefühl» ist eine der Säulen einer gelebten Begeisterungskultur. Gemeinsame Feste, Lernmöglichkeiten und Engagements jenseits des Arbeitsalltags unterstützen ein solches Wir-Gefühl (vgl. Kapitel 2). Wer einem beim Grillfest zur Hand ging oder bei der Paddeltour durch die Stromschnelle half, ist spätestens ab da mehr als «irgendein Kollege». Damit Gemeinschaftsgeist die tägliche Zusammenarbeit dauerhaft prägt, können Sie als Chef einiges tun:

- *Keine Lieblinge oder Kronprinzen:* In jeder Abteilung gibt es Menschen, mit denen Sie etwas lieber zusammenarbeiten als mit anderen; Mitarbeiter, bei denen die Wellenlänge einfach stimmt. Vermeiden Sie es trotzdem, einzelne Teammitglieder zu bevorzugen. Dabei geht es nicht allein um sichtbare Privilegien, sondern auch um Aufmerksamkeit und Zuwendung (ständig miteinander essen gehen, regelmäßiger Plausch auf dem Gang, nur Einzelne duzen usw.). Mitarbeiter schauen sehr genau hin, ob es «gerecht» zugeht. Ist das nicht der Fall, provozieren Sie Neid und Missgunst.
- *Kein «Teile und herrsche»:* Für Machtspielchen und taktische Manöver ist in einer Begeisterungskultur erst recht kein Platz. Kurzfristig erreichen Sie vielleicht Ihr Ziel, wenn Sie Mitarbeiter gegeneinander ausspielen. Mittelfristig wird so das Klima getrübt, denn Sie säen gleichzeitig Misstrauen.
- *Unterschiede wertschätzen:* Menschen sind verschieden. Diese Erkenntnis ist weniger banal, als sie klingt, denn man kann diese Verschiedenheit als Bereicherung oder als Störfaktor betrachten. Ein gutes Team profitiert von unterschiedlichen Begabungen seiner Mitglieder, davon, dass es akribische Systematiker, Kommunikationstalente, fürsorgliche Harmoniker, Macher, Kreative, Vorsichtige und Wagemutige gibt. Halten Sie im Bewusstsein, dass jeder einen Beitrag zum Ganzen leistet, und strahlen Sie dieses Bewusstsein deutlich aus – etwa, wenn es in Sitzungen um Aufgabenverteilungen geht oder wenn Sie im Zweiergespräch über abwesende Kollegen reden.

- *Auf eine gesunde Mischung im Team achten:* Großunternehmen haben inzwischen eigene Beauftragte für «Diversity». Es fördert die Produktivität, wenn Jung und Alt, Frau und Mann, Erfahrene und Neueinsteiger, Einheimische und Zugewanderte miteinander arbeiten. Zu viel Gleichförmigkeit erzeugt gleichförmiges Denken, und das gefährdet ambitionierte Ziele. Außerdem gleichen sich verschiedene Mentalitäten aus. Ein erfahrener Meister im Team ist ebenso wichtig wie eine ideenreiche Nachwuchskraft. Und Mitarbeiter mit Migrationshintergrund bringen wertvolles Wissen mit, um sich auf Kunden anderer Kulturkreise einzustellen.
- *Konflikte nicht schwelen lassen:* Wir alle wissen, dass Konflikte sich hochschaukeln, wenn man sie ignoriert. Das heißt nicht, dass Sie die Flöhe husten hören und wegen jedes hitzigen Wortwechsels eine Mediationssitzung einberufen müssen. Wenn der Umgangston in der Abteilung jedoch immer gereizter wird, wenn dicke Luft herrscht oder sich dauerhaft Fraktionen bilden, sollten Sie der Sache auf den Grund gehen und die Streithähne an einen Tisch holen. Gehen Sie die Sache beherzt an, statt auszuweichen!
- *Positive Fehlerkultur:* Fehler sind Lernchancen. Nur wer nichts macht, macht auch keine Fehler. Suchen Sie daher nicht nach Schuldigen, sondern nach neuen Lösungen. Fragen Sie «Was lernen wir daraus?» statt «Wer hat das verbockt?». Und sanktionieren Sie eher das Vertuschen als das Zugeben von Fehlern. Nur so kann man gemeinsam wachsen und sich stetig verbessern.

«Schwierige» Mitarbeiter – Erste Hilfe für besondere Fälle

Wer den Teamgeist stärken und bewahren will, braucht als Chef eine Strategie für «schwierige» Mitarbeiter. Doch was heißt «schwierig»? Bevor Sie einen Menschen so einstufen, zwei grundsätzliche Fragen:

1. Ist ein Mitarbeiter, den Sie als «schwierig» empfinden, nur für Sie eine Herausforderung oder eckt er auch bei Kollegen und Kunden an?
2. Ergeben sich die Reibungsflächen aus der aktuellen Position oder Aufgabe des Mitarbeiters, oder käme es sehr wahrscheinlich auch bei anderen Arbeitsinhalten zu Schwierigkeiten?

Manchmal ergibt sich das Etikett «schwierig» schlicht daraus, dass die aktuelle Aufgabe nicht zu den besonderen Stärken des Mitarbeiters passt – etwa wenn ein sehr kontaktfreudiger Mensch vorwiegend mit Prüf- und Kontrollaufgaben befasst ist. Führt das zu miserablen Arbeitsergebnissen, stellt sich die Frage, ob Sie eine besser passende Position für diesen Mitarbeiter haben. Wenn nicht, bleibt mittelfristig nur eine Trennung. Sie werden einen Menschen, dem Detailaufgaben ganz einfach nicht liegen, weder durch gute Worte noch durch Weiterbildung zum gewissenhaften Prüfer machen.

In anderen Fällen hadert eine Führungskraft aus subjektiven Gründen mit einem Mitarbeiter. Wir alle kennen Menschen, mit denen «die Chemie nicht stimmt», mit denen wir «einfach nicht können». Derart vage Umschreibungen machen deutlich, dass unbewusste emotionale Faktoren eine Rolle spielen. Da erinnert jemand an den schwierigen Vater, hat die gleiche Marotte wie ein verhasster Lehrer oder ist schlicht so «anders», dass man ihn als anstrengend empfindet. Sich solcher emotionaler Reflexe bewusst zu sein, ist die beste Voraussetzung, sie zu beherrschen. Und das ist allemal besser, als sie zu ignorieren. Souveräne Führungskräfte arbeiten auch mit Mitarbeitern erfolgreich zusammen, die ihnen persönlich weniger liegen. Hier sind vor allem Gelassenheit und Toleranz gefragt.

Doch was ist, wenn ein Mitarbeiter auch objektiv gesehen schwierig ist, weil er Teamgeist und Arbeitsergebnisse gefährdet? Schauen wir uns einige «Problemtypen» an. Dabei bin ich mir bewusst, dass jede Typologie vereinfacht und jeder Mensch mehr Facetten hat, als in der folgenden Zuspitzung erwähnt werden. Dennoch: Erkennen Sie den einen oder anderen wieder?

- *Gewohnheitsjammerer und Opfertypen:* Warum ist die Welt nur so schwierig und ungerecht? Manche Menschen malen notorisch schwarz, sehen grundsätzlich eher Probleme als Chancen und sind überzeugt, dass sie selbst daran wenig ändern können. Vorteil: Ein Opfer kann sich befriedigt seufzend zurücklehnen.
- *Blender und Schönredner:* Das zunächst erfrischende Gegenteil – alles ist «easy» und «kein Problem». Nur: Es passiert nichts. Angelegenheiten werden verschleppt und Anforderungen nicht gelöst. Viel Lärm und nichts dahinter.
- *Besserwisser:* Er würde den Laden ganz anders organisieren als Sie, wenn man ihn nur ließe. Leider muss er sich mit subalternen Aufgaben begnügen. Also beschränkt er sich aufs Mäkeln, gerne auch in Meetings. Solange er es selbst nicht umsetzen muss, geht er dabei ja kein Risiko ein.
- *Das Kätzchen, das sich für einen Löwen hält:* Eine Variante des Besserwissers – mit unerschütterlichem Glauben an die eigene Kompetenz, auch wenn immer wieder etwas schiefgeht.
- *Jasager:* Ist immer mit allem einverstanden. Das ist zunächst bequem, kann aber einfach daran liegen, dass er vor allem seine Ruhe haben will.
- *Aus Prinzip erst mal Neinsager:* Ist nie einverstanden. Das liegt weniger an Ihnen als an seinem grundsätzlichen Problem mit Autoritäten. (Oder daran, dass er auf Ihren Job spekuliert hat.)
- *Sensibelchen:* Ihm (oder ihr) setzt es arg zu, wenn der Ton etwas entschiedener wird, ein eigener Vorschlag scheitert oder Kritik ansteht. Frauen treten dann gern die Tränen in die Augen.
- *Der «Mir kann hier keiner was»-Mächtige:* Solche Mitarbeiter erzählen gerne, aufgrund ihrer langen Betriebszugehörigkeit seien sie «praktisch unkündbar». Im Fall eines «Betonkopf»-Betriebs-

rats stimmt das sogar. Hauptanliegen: Man möchte möglichst nichts ändern, sondern ungestört weitermachen wie bisher.

- *Der faule Apfel, der die Kiste ansteckt:* Im schlimmsten Fall ein Intrigant, der versucht, einen Keil zwischen Sie und das Team zu treiben oder Kollegen untereinander zu entzweien. Oder einfach jemand, der sich auf Kosten seiner Kollegen einen lauen Lenz macht und auf Dauer deren Motivation untergräbt.

Was können Sie tun? Einfache Rezepte sind schwierig, denn das Leben ist bunter als alle Theorie. Vielleicht hilft Ihnen Folgendes:

- Die meisten Menschen haben ein Bedürfnis nach Anerkennung und Aufmerksamkeit. Dieses Bedürfnis, beachtet zu werden, kann sich ganz unterschiedlich äußern: Manche strengen sich sehr an, gesetzte Ziele zu erfüllen oder gar zu übertreffen. Andere jammern ständig. Dritte wissen alles besser. Wieder andere bemühen sich um eine blendende Fassade. Wenn Sie auf Klagen und Besserwissen gar nicht eingehen oder auch das Imponiergehabe eines Blenders ignorieren (also Aufmerksamkeit verweigern!), ist die Gefahr groß, dass nachgelegt wird. Alternativen: Muntern Sie den Jammerer mit einer kurzen Bemerkung auf. Nehmen Sie den Besserwisser beim Wort und übertragen Sie ihm eine herausfordernde Aufgabe. Fordern Sie vom Blender konkrete Ergebnisse ein.
- Sie können andere Menschen nicht ändern, schon gar nicht durch bloße Anweisungen nach dem Muster «Sehen Sie doch nicht immer so schwarz, Frau Meier!». Was Sie tun können, ist Ihr *eigenes Verhalten* gegenüber dem anderen ändern und damit neue Ausgangsbedingungen schaffen. Ob Sie mehr Unterstützung bieten, stärker kontrollieren, öfter loben oder im Einzelgespräch Tacheles reden, ist Ihrem Gespür überlassen. Wenn Sie selbst andere Spielregeln definieren und sich anders verhalten, besteht am ehesten die Chance auf eine Änderung der Gesamt-

situation. Mancher «Betonkopf»-Betriebsrat wird kooperationsbereiter, wenn man ihn früh einbindet und seine Erfahrung honoriert.
- Behalten Sie Ihre Kernaufgaben im Auge: Als Führungskraft ist es Ihr Job, Ergebnisse zu erzielen – getreu dem Managementzirkel. Und als begeisternde Führungskraft ist es Ihre Aufgabe, für ein positives Miteinander im Team zu sorgen – getreu dem Geistlauf. Alles, was diese beiden Ansprüche ernsthaft gefährdet, erfordert energische Gegenmaßnahmen. Das bedeutet vor allem: Wer intrigiert, sich auf Kosten seiner Kollegen ausruht oder gegen den Unternehmensgeist verstößt, muss Gegenwind spüren, und zwar umgehend. Der richtige Ort dafür ist ein offenes Gespräch unter vier Augen. Das kann im Extremfall auch bedeuten, sich von einem «faulen Ei» in der Mitarbeiterschaft zu trennen. Vorher allerdings bedarf es eindeutiger Warnschüsse: Mitarbeiter haben ein Recht auf Abmahnung!

Ein gutes Beispiel für erfolgreiche Mitarbeiterrekrutierung, gelebten Teamgeist und eindeutige Gegenmaßnahmen bei «geistlosem» Verhalten ist das folgende …

Erfolgsbeispiel Senger Gebäudetechnik: «Nicht über Team reden, sondern Team leben»

Ein Unternehmen, das gute Bewerber magnetisch anzieht und bei der Besetzung von Ausbildungsplätzen unter vielversprechenden Kandidaten wählen kann, die sich lange vor Ausbildungsbeginn beworben haben? «Das kennen wir im Handwerk eigentlich nicht», sagt Henning Senger, der das Familienunternehmen in dritter Generation führt. Doch im Raum Osnabrück hat es sich längst herumgesprochen, dass Senger «cool» ist und dass dort die Atmosphäre stimmt. Nachwuchssorgen kennt man bei Senger nicht: «Es ist schön, wenn die jungen Mitarbeiter am Ende der Ausbildung mit leuchtenden Augen vor einem sitzen und einem sagen ‹Ich möchte gern bleiben!›», so der Firmenchef.

Die Eckhard Senger Gebäudetechnik GmbH & Co. KG ist ein mittelständischer Handwerksbetrieb mit dreißig Mitarbeitern und dem erklärten Ziel, seine Kunden zu begeistern. Dafür gehen Henning Senger und seine Frau Alexa neue Wege und beziehen ihre Mitarbeiter aktiv in die Weiterentwicklung des Unternehmens ein. Grundlage ist eine offene, aktive Informationspolitik. «Die Mitarbeiter sollen wissen, was läuft, was wir vorhaben», betont Henning Senger, denn: «Wenn alle informiert sind, geht manches deutlich besser.» In regelmäßigen Mitarbeiterbesprechungen werden alle auf den neuesten Stand gebracht. Bei Senger klappt die Kommunikation nicht nur von oben nach unten, sondern auch andersherum. Zur Kunden-BegeisterungsStrategie des Unternehmens gehören regelmäßige Aktionen, die die Kunden positiv überraschen. Einmal im Quartal entwickelt man dafür Ideen, mal im Kundendienst, mal auf den Baustellen. «Es ist explizit gewünscht, dass jeder sich einbringt. Mitarbeiter haben immer wieder fantastische Ideen, auf die wir vorher nie gekommen wären», so Henning Senger. Vom Schoko-Osterhasen für die Kinder bis zur kostenlosen Sicherheitsprüfung von Gasleitungen reichen die Begeisterungsideen. Kundenlob kommt auch direkt bei den Mitarbeitern an: Dankesbriefe werden im Aufenthaltsraum aufgehängt; mündliches Lob an den Firmenchef an die Handwerker und Sachbearbeiter weitergegeben.

Nach dem «Geist» des Unternehmens befragt, zögert der Inhaber nicht lange: «Wir sind die Premiumklasse – wir wollen Spitzenqualität bieten mit Spitzenmitarbeitern. Und wir sind ein Familienunternehmen. Es weiß jeder, dass er zu mir und meiner Frau immer kommen kann.» Gelebt wird dieser Geist in Jahreszielplänen, die jeder einsehen kann, in einem Jahresmotto, das 2010 die absolute Zuverlässigkeit gegenüber den Kunden betont («Versprochen ist versprochen!»), in der kontinuierlichen Arbeit daran, gemeinsam besser zu werden. So gibt es jeden Monat ein Thema, an dem man arbeitet, etwa «Kleider machen Leute» oder «Kundenfreundliche Sprache». Damit das Ganze nicht im Alltagsstress versickert, wird jeweils ein Pate bestimmt, der sich um dieses Thema kümmert. So sammeln Mitarbeiter ganz nebenbei Erfahrung darin, wie es ist, ein Projekt zu leiten. In eine ähnliche Richtung zielt die gemeinsame Renovierung des Aufenthaltsraumes, die die Mitarbeiter selbst in die Hand nehmen; das Unternehmen trägt die Kosten für das Material. Henning Senger: «So sehen die Mitarbeiter, dass es nicht immer ganz einfach ist, zu delegieren und das Schiff auf Kurs zu halten, wenn nicht alle mitziehen.» Anderseits sieht sich Senger ganz klar in einer Vorbildfunktion, ob es um kundenbegeisterndes Verhalten oder um Teilnahme an Workshops und Bereitschaft zu persönlicher Weiterentwicklung geht, denn: «Wenn Mitarbeiter sehen, der Chef selber geht voran, sind sie eher bereit, selbst was zu tun.»

Zum Geist von Senger passt auch, dass man sich duzt, beim Unternehmensschützenfest einen draufmacht oder gemeinsam zu Spielen des VfL Osnabrück pilgert, wenn man sich rechtzeitig über die ausgelegte Liste eine der Dauerkarten gesichert hat. Umgekehrt erwartet das Unternehmen von seinen Mitarbeitern nicht nur Leistungsbereitschaft und eine Auge für Kundenbedürfnisse, sondern auch entsprechendes Auftreten. Firmenfahrzeuge, in denen auf dem Armaturenbrett eine Bananenschale vergammle, gäbe es bei Senger nicht, betont Henning Senger. «Wir achten auf saubere, ordentliche Fahrzeuge.» Die Mitarbeiter betreten Wohnungen nur in Überschuhen und haben Decken dabei, auf denen sie bei der Arbeit ihr Werkzeug deponieren. «Wir wollen zeigen, dass wir die Premiumklasse sind.» Bei der Einstellung wird darauf geachtet, dass Neuzugänge zu diesem Geist passen. Führungskräfte etwa müssten offen sein und nicht auf eingefahrene Gleise fixiert: «Wir brauchen keine Eigenbrötler und auch keine Verwalter. Zu uns passen Mitarbeiter, die gemeinsam Dinge bewegen und sich entwickeln wollen.»

Es ist die bewährte Erkenntnis von Geben und Nehmen, Fordern und Fördern, die bei Senger konsequent gelebt wird. Wer gegen den Unternehmensgeist verstößt, kann sich nicht durchmogeln, sondern wird zur Rechenschaft gezogen. Beispiel: ein Mitarbeiter, der seine Kollegen auf einer Samstagsbaustelle einfach versetzte, obwohl er für die Ausstattung eines Supermarktes mit eingeteilt war. Henning Senger bat ihn in sein Büro und fragte nach Gründen. Nach einigen Ausreden kam heraus, dass die Sonderschicht eine länger geplante Aktivität mit Freunden gefährdet hatte – der Mitarbeiter entschuldigte sich. «Am schlimmsten fand ich, dass er seine Kollegen hat hängen lassen», erzählt Senger. «Ich habe ihm gesagt, ich akzeptiere das nur und sehe von einer Abmahnung ab, wenn er sich offiziell vor allen entschuldigt und auch vor der Gruppe ehrlich sagt, was los war. So geschah es, und damit war die Sache dann für mich erledigt.» – Nicht übers Team reden, Team leben eben.

EieRtaNz: «Begeisternd trennen?»

Auch ein Unternehmen, das MitarbeiterBegeisterung lebt, ist keine Insel der Seligen – auch hier können Kündigungen erforderlich sein. Wie schaffen Sie das, ohne den Unternehmensgeist auf Dauer zu beschädigen? Gar nicht selten laufen Trennungen so ab wie in den folgenden Beispielen:

- Ein mittelständisches Medienunternehmen wird von einem größeren übernommen. Nach wenigen Wochen gibt es erste Gerüchte über anstehende Kündigungen; weitere Wochen später verkündet der vom Konzern installierte neue Geschäftsführer: «Ja, es stimmt. Die Zahlen sind schlechter als erwartet; dreißig Prozent Personal werden ‹abgebaut›. Derzeit wird eine Liste erstellt. Bis Ende des Monats werden die Betroffenen feststehen.»

Knapp einen Monat später finden die Gekündigten die Kündigungsschreiben in ihren Postfächern. Die direkten Vorgesetzten sind außer Haus oder verschanzen sich in ihren Büros.

- Nichts ahnend kommt ein Mitarbeiter morgens ins Büro und erfährt von der Abteilungssekretärin, der Chef wolle ihn um 14 Uhr sprechen. Der Mitarbeiter vermutet, dass es um das aktuelle Projekt gehen wird. Er fällt aus allen Wolken, als der Vorgesetzte ihm die schriftliche Kündigung überreicht. Begründet wird die Trennung mit Leistungsmängeln.

Eine faire Trennungskultur sieht anders aus. Kommt für den Mitarbeiter die Kündigung wie der Blitz aus heiterem Himmel, hat der Vorgesetzte vorher deutliche Signale versäumt. Dazu gehören auch schriftliche Abmahnungen, die unmissverständlich deutlich machen, dass es fünf vor zwölf ist. Nur so hat der Mitarbeiter die Chance zu einer Verhaltensänderung. Chefs denken oft, angesichts von Reibereien oder schwelenden Konflikten müsse ein Mitarbeiter doch «etwas geahnt» haben. Sie übersehen dabei, dass Selbstbild und Frcmdbild häufig auseinanderklaffen. Menschen sind ziemlich findig, wenn es darum geht, eine positive Selbsteinschätzung gegen äußere Indizien zu verteidigen. Ehe man eigenes Versagen eingesteht, sind andere schuld, die Umstände, der Chef, die schwierigen Kunden, die Kollegen ... Versäumen Sie als Vorgesetzter die (auch arbeitsrechtlich sinnvollen) Warnschüsse, provozieren Sie im doppelten Wortsinne «Ent-GEIST-erung».

Dasselbe ist der Fall, wenn Sie sich vor dem Überbringen der schlimmen Botschaft drücken und durch eine wochenlange Hängepartie Ängste schüren. Am Ende liegen die Nerven auch bei jenen blank, deren Kündigung nie zur Debatte stand. Einige Mitarbeiter gehen schon mal vorsorglich auf Stellensuche, viele stehen spekulierend und jammernd auf den Fluren, an geregelte Arbeit ist kaum noch zu denken. Ein solcher Trennungsprozess hinterlässt verbrannte Erde – die Verbliebenen plagen sich mit Schuldgefühlen, hadern mit der als unmenschlich empfundenen Vorgehensweise und sprechen Ihnen im Extremfall die innere Kündigung aus. Grund ist in der Regel weniger das Was, sondern das Wie der Trennungsprozesse.

Selbst hartgesottenen Managern liegen anstehende Kündigungen meiner Erfahrung nach im Magen. Deswegen schiebt man sie gerne vor sich her oder delegiert sie an Dritte (Personalabteilung/Externe). Und machen wir uns nichts vor: Verständnis oder gar «BeGEISTerung» können Sie von Betroffenen nicht erwarten – dazu ist ein Jobverlust eine viel zu existenzielle Erfahrung. Gekündigte machen nach Einschätzung von Psychologen die ganze emotionale Achterbahn durch, die typisch ist bei schockierenden Nachrichten: Auf Betäubung und Schockzustand folgen Wut und Verzweiflung und schließlich Akzeptanz und Neuausrichtung. Wer in die Langzeitarbeitslosigkeit fällt, riskiert nicht selten Depressionen.

Wenn Sie den positiven Geist des Unternehmens nicht unnötig beschädigen wollen, achten Sie vor diesem Hintergrund auf Folgendes:

- Sprechen Sie die Kündigung als direkter Vorgesetzter persönlich aus, gegebenenfalls in Anwesenheit eines Mitarbeiter des Personalbüros, der als Zeuge fungiert.
- Wählen Sie einen Ort, der nicht einsehbar ist und dem Mitarbeiter einen Spießrutenlauf erspart. Das kann Ihr Büro sein oder ein Besprechungsraum.
- Kündigen Sie eher vormittags als nachmittags, eher unter der Woche als am Freitag. Ersteres ermöglicht es Ihnen, den Mitarbeiter nach Hause begleiten zu lassen. Nicht jeder ist nach einer solchen Botschaft noch fahrtauglich. Letzteres gibt dem Mitarbeiter die Möglichkeit, sich zeitnah Unterstützung zu holen, statt übers Wochenende zur grübelnden Untätigkeit verdammt zu sein.

- Verzichten Sie auf lange Vorreden oder Small Talk über Wetter und Urlaub, der vor dem Hintergrund des Folgenden nur «verlogen» wirken kann. Kommen Sie schnell zur Sache und formulieren Sie unmissverständlich: «Herr …, ich habe heute eine schlechte Nachricht für Sie. Die andauernde geringe Auslastung unserer Produktion zwingt mich zu Entlassungen. Unter Berücksichtigung der betrieblichen Sozialauswahl kündige ich Ihnen daher fristgerecht zum 31. Dezember dieses Jahres. Es tut mir außerordentlich leid, Ihnen das sagen zu müssen.»
- Bereiten Sie sich auf Kündigungsgespräche vor, halten Sie alle wichtigen Unterlagen (etwa Arbeitsvertrag, Sozialplan, Personalakte, Kündigungsschreiben) griffbereit. «Proben» Sie Ihre Wortwahl, freunden Sie sich mit einer klaren Formulierung an.
- Bereiten Sie sich innerlich auf mögliche Reaktionen vor – von betäubter Erstarrung über wütende Angriffe bis zu Tränenausbrüchen. Auch Übersprungshandlungen kommen vor – etwa dass jemand übergangslos diskutieren will, was mit dem anstehenden Projekt passieren soll. Ob Schweigen, Tränen oder ungerechte Angriffe – das müssen Sie aushalten. Vermeiden Sie Rechtfertigungen oder energische Gegenrede, gehen Sie davon aus, dass Ihr Gegenüber neben sich steht. Auch Ihre eigenen Gefühle tun hier nichts zur Sache: Auslassungen darüber, wie schwer Ihnen das Ganze fällt, wie sehr Sie sich mit der Entscheidung geplagt haben usw., werden ebenso wie Hohn empfunden wie billiger Trost («Wer weiß, wofür es gut ist …»).
- Stellen Sie sicher, dass die andere Seite Ihre Botschaft auch wirklich verstanden hat. Wiederholen Sie den Kernpunkt, wenn Sie daran zweifeln. Geben Sie dem Mitarbeiter Gelegenheit, den Schock zu verdauen. Das spricht auch dafür, dieses erste Gespräch kurz zu halten – etwa sechs bis zehn Minuten. Beraumen Sie ein zweites Gespräch an, in dem Sie das weitere Vorgehen besprechen.

- Bedanken Sie sich für die geleistete Arbeit, den Einsatz des Mitarbeiters. Wahren Sie Respekt und Wertschätzung.

Trickserejen, Überrumpelungen oder Druck, um Einverständnis zu erzwingen, verbieten sich von selbst, wenn Sie es ernst meinen mit der MitarbeiterBegeisterung. Dasselbe gilt für Generalabrechnungen und das Waschen schmutziger Wäsche, womöglich im Bemühen, sich selbst zu entlasten. Begegnen Sie den Betroffenen auf Augenhöhe und mit größtmöglicher Fairness. Kurz: Handeln Sie auch in Krisensituationen im Geist des Unternehmens.

Fazit: Führungsfaktor MitarbeiterBegeisterung

KundenBegeisterung funktioniert nur mit MitarbeiterBegeisterung, so die Kernaussage dieses Buches. Menschen haben ein sicheres Gespür für ein falsches Lächeln, aufgesetzte Freundlichkeit und halbherzige Serviceangebote. Wer andere begeistern soll, muss seine Arbeit gern tun.

MitarbeiterBegeisterung ist daher Chefsache. Und ganz ähnlich wie KundenBegeisterung wurzelt sie darin, dass nicht nur selbstverständliche Grundansprüche erfüllt werden, sondern dass «mehr» geboten wird. Die Grafik auf Seite 177 umreißt abschließend die Ausgangsfaktoren für MitarbeiterBegeisterung. Wenn Sie dabei das Kano-Modell der Kundenzufriedenheit durchschimmern sehen, liegen Sie ganz richtig: Die Mechanismen sind in beiden Fällen dieselben.

Die meisten Unternehmen garantieren ihren Mitarbeitern heute die *Basisfaktoren* wie branchenübliches Gehalt, Urlaub usw. Das allein genügt jedoch nicht, um Mitarbeiter zu begeistern! Solche «Basics» entfalten nur dann Wirkung, wenn sie fehlen: Unzufriedenheit ist die Folge. Das gilt erst recht für ausgesprochene *Demotivationsfaktoren* wie schlechte Behandlung, Ausbleiben von Lohnzahlungen,

Führungsfaktor MitarbeiterBegeisterung

Buntes Ei statt Durchschnitts-Ei!

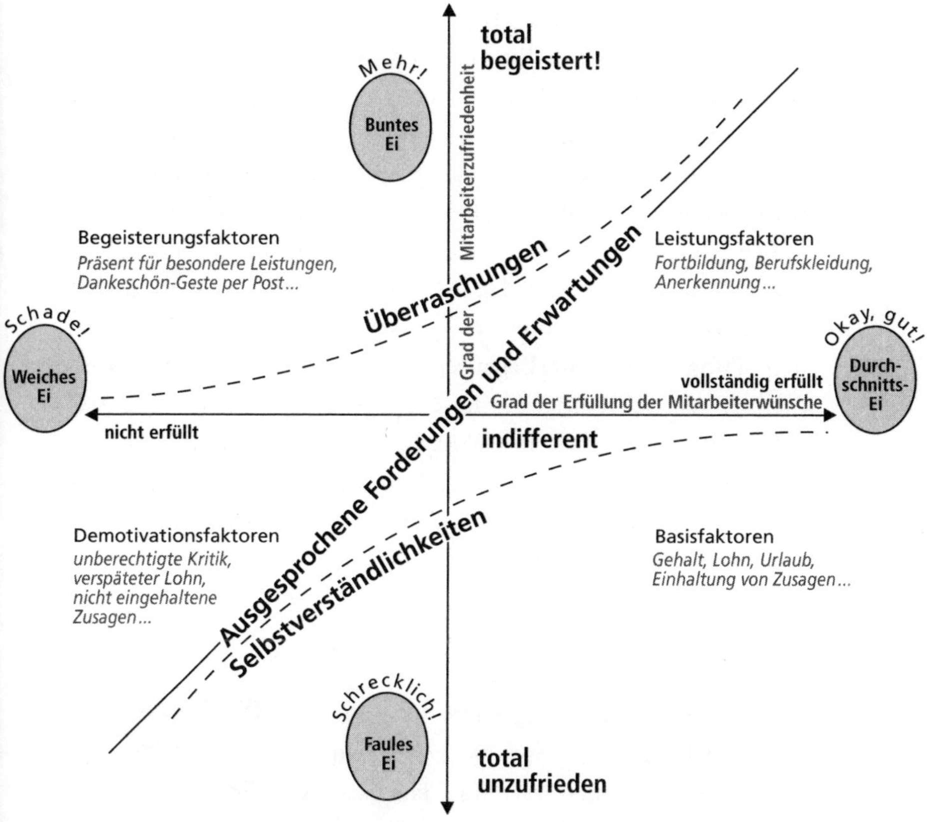

Verletzen von Sicherheitsstandards und Ähnliches. Mehr als eine durchschnittliche Zufriedenheit stellt sich erst dann ein, wenn Mitarbeiterwünsche erfüllt werden, die über Selbstverständlichkeiten hinausgehen, etwa deutliche Anerkennung guter Leistungen, gezielte Förderung/Fortbildung oder auch eine Kantine mit Restaurantcharakter *(Leistungsfaktoren)*. Echte *Begeisterungsfaktoren* dagegen sind positive Überraschungen: unerwartete Gesten und Aktionen, die über den Kanon ausgesprochener Erwartungen hinausgehen – eben jene Begeisterungsmomente, die in Kapitel 4 skizziert wurden. Wer als Arbeitgeber zum «bunten Ei» werden will, bietet sowohl Leistungs- als auch Begeisterungsfaktoren. Zum «faulen Ei» wird, wer Mitarbeiterbedürfnisse und -wünsche komplett ignoriert, zum «weichen Ei», wer hin und wieder eine kleine Begeisterungsaktion startet, aber bei Basis- und Leistungsfaktoren schlampt.

Ein Unternehmen mit echter Begeisterungskultur wird von einem gemeinsamen positiven Geist getragen. Dieser Geist motiviert Führungskräfte wie Mitarbeiter, Ihr Bestes zu geben und mehr zu tun als «das Übliche». Echte MitarbeiterBegeisterung ist deshalb kein einseitiges Programm der Wunscherfüllung oder Mitarbeiterbespaßung. MitarbeiterBegeisterung ist eine dauerhafte Strategie gelebter Wertschätzung, die auf ein gegenseitiges Geben und Nehmen setzt – darauf, dass Ihre Mitarbeiter das Feuer der Begeisterung zu den Kunden tragen und damit den Geistlauf in Bewegung setzen. Geben Sie als Führungskraft den Anstoß. Sie werden überrascht sein, was alles möglich wird!

Fürs Logbuch

- Eine Begeisterungskultur ist umso mächtiger, je mehr sie den Alltag prägt. Sorgen Sie dafür, dass gängige Rituale und Ereignisse bei Ihnen an Bord «begeisternd anders» gehandhabt werden.
- Die besten Matrosen möchten auf den besten Schiffen anheuern. Sorgen Sie deshalb dafür, dass die Begeisterungskultur Ihres Unternehmens sich herumspricht!
- Halten Sie permanent Ausschau nach möglichen neuen Crewmitgliedern. Das bewahrt Sie vor einer Ad-hoc-Suche.

- Schauen Sie auch bei Schiffsjungen und anderen Aushilfen genau hin: Wie viel Potenzial verbirgt sich hier?
- Nehmen Sie Bewerber im Einstellungsverfahren genau unter die Lupe. Wenn Sie erst auf hoher See sind, können Sie nicht mehr zurück.
- Investieren Sie in den Nachwuchs – bilden Sie Ihre eigenen Topleute aus!
- Vermeiden Sie Führungsfehler, die die Stimmung an Bord trüben und Rivalitäten schüren.
- Gehen Sie flexibel auf Crewmitglieder ein, die Sie als «schwierig» empfinden – mit Zuspruch, herausfordernden Projekten, klaren Grenzen. Von blinden Passagieren wie Intriganten und Leistungsunwilligen müssen Sie sich trennen, wenn glasklare Warnungen nichts genützt haben.
- Handhaben Sie Trennungen fair. Werfen Sie niemanden einfach über Bord!
- Machen Sie MitarbeiterBegeisterung zur Chefsache. So stoßen Sie den Geistlauf an!

Schluss … oder am Anfang einer Reise zu neuen Ufern

Unsere Reise hatte ein Ziel: den Geist, das Herz, den Kopf und auch die Augen zu öffnen. Denn die Welt verändert sich dramatisch und atemberaubend schnell. Herkömmliche Managementsysteme stoßen an ihre Grenzen, wirtschaftliche Entwicklungen sind immer schwerer vorherzusehen. Wir sind mit unserem Unternehmensschiff auf hoher See – Stürmen, Eisbergen und anderen Gefahren ausgesetzt. Diese Herausforderungen sind nur mit einer Mannschaft zu meistern, die bereit ist, sich schnell und unverwechselbar an neue Situationen anzupassen. Mit einer Mannschaft, die sich selbst und ihre Kunden immer wieder neu begeistern kann. Kurz: mit einer Mannschaft, die im richtigen Geist handelt.

Der Geistlauf ist eine lange, kontinuierliche Reise. Wäre es anders, wäre er einfach und schnell zu kopieren. Doch sowohl KundenBegeisterung als auch MitarbeiterBegeisterung erfordern viele kleine Schritte. Gerade deshalb ist ein funktionierender Geistlauf ein entscheidender, nicht zu kopierender Wettbewerbsvorteil! Ein Schiff zu lenken, eine Mannschaft gut zu führen, Menschen zu bewegen, Leistungsreserven zu mobilisieren, all das hat etwas Magisches. Bitte denken Sie daran: Menschen besitzen erstaunliche Fähigkeiten, und die meisten davon werden nicht genutzt. Diese Fähigkeiten zu entwickeln, den Geist zu leben und ständig zu verbessern, ist die Hauptaufgabe von Kapitänen.[56]

Ein Schlüssel zum Erfolg lautet «Kapieren statt kopieren». Das ist die Geisteshaltung von Mitarbeitern, die wir heute brauchen. Solchen Mitarbeitern muss man nicht sagen, was wann genau zu tun ist. Ihr Antrieb ist eine tiefe Begeisterung für die gemeinsame Sache. Ein solcher Geist ermöglicht mitdenkendes und eigenverantwortliches, selbstständiges Handeln! Da braucht nicht jeder Schritt vorgeschrieben und geregelt zu werden, da braucht es keine häufigen Absicherungen, was genau jetzt zu tun ist. Jeder weiß, was zu tun ist, denn jeder kennt die Richtung.

Ein weiteres entscheidendes Erfolgsgeheimnis: Vergessen Sie Umsatz- und Ertragsziele als Mitarbeiterführungsinstrument. Fragen Sie stattdessen: Welche Zielzustände wollen wir erreichen? Was genau sollen unsere Kunden nach einem Verkaufsgespräch über mich, über unser Angebot, über unser Unternehmen denken? Was sollen unsere Mitarbeiter über mich, über die Arbeit, über unser Unternehmen und unseren Geist denken? Deshalb erfordert der Geistlauf kontinuierliche, tägliche Anstrengungen. Wir brauchen in den Unternehmen mehr als gelegentliche Workshops und Sitzungen, in denen Leitbilder debattiert werden.

Führen ist tägliche Arbeit am Unternehmensgeist. Stellen Sie die richtigen Fragen, dies ist das beste Führungsinstrument. Die Qualität Ihrer Fragen bestimmt die Qualität der Antworten, und die soll sich der Mitarbeiter vor allem selbst geben – nicht Ihnen! Fragen Sie Ihre Mitarbeiter einmal: «Was verkaufen wir?» Dann werden Sie erkennen, wie stark der angestrebte Geist Ihres Unternehmens bereits verinnerlicht wurde. Lautet die Antwort etwa «unsere Dienstleistung» oder «unser Produkt (Haus, Auto, Brot, Stahl, Malerarbeiten …)», dann gibt es noch eine Menge zu tun! Oder fragen Sie einmal nach dem Unternehmensziel. Werden da Umsatzzahlen, Deckungsbeiträge, Produktleistungen genannt, dann hat Ihr Unternehmensgeist noch nicht alle Mitarbeiter erreicht.

Ein häufiger Fehler in Workshops oder Besprechungen besteht darin, pauschal zu fragen: «Was können wir tun?» Das ist, als ob Sie mit einer Schrotkanone an Bord des Schiffes in den dichten Nebel feuern. Fragen Sie besser: «Was genau müssen wir tun, um unserem Zielzustand einen Schritt näher zu kommen?» Ein Zielzustand wirkt wie ein fokussierendes Fernrohr. Er beschreibt, *wie* und in welchem Geist ein Unternehmen funktionieren soll, während ein Ziel lediglich ein mehr oder weniger fernes Ergebnis benennt. Um auf Ihrer Reise mit dem Unternehmensschiff den richtigen Kurs zu halten, fragen Sie sich regelmäßig: «Bringt uns das, was wir jetzt vorhaben (Aufgaben, Projekte, Aktionen etc.), unserem Zielzustand näher? Ist dies die wichtigste und brennendste Herausforderung, die wir jetzt meistern sollen?» Sonst besteht die Gefahr der Verzettelung in viel zu vielen Projekten, die alle nicht richtig umgesetzt werden.

Jeder Mitarbeiter ist zugleich Mitreisender auf dem Unternehmensschiff. Er muss wissen, wohin die Reise geht, und er trägt (Mit-)Verantwortung, dass dieses Ziel erreicht wird. In Verantwortung steckt das Wort «Ortung». Das heißt zu wissen: Wo stehen wir? Wo wollen wir hin? Welche Hindernisse (Eisberge) sind zurzeit im Weg? Ganz wichtig ist, dass *Sie* genau wissen, wo die Reise hingeht. Sie können nicht von Ihren Mitarbeitern verlangen, die Reiseroute und das Ziel zu kennen, wenn Sie selbst im Nebel stochern. Gehen Sie als Vor-Bild voran und leben Ihren Unternehmensgeist aktiv vor! Denken Sie daran: «In dir muss brennen, was du in anderen entzünden willst!» Ich wünsche Ihnen von Herzen, dass Sie und Ihr Geist und Ihr Herz voller Inspiration brennen. Viel Erfolg und alles Gute auf Ihrer Reise ins BegeisterungsLand!

Danke!

Viel ist passiert seit meinem ersten Buch, «Das bunte Ei». Zahlreiche begeisterte und begeisternde Rückmeldungen haben mich bestärkt, den eingeschlagenen Weg fortzusetzen. Vielen Dank dafür!

Dann die begeisternde K-EI-M-Zelle! Liebe Jenni, liebe Gaby! Wir haben uns weiterentwickelt – wir haben auf unserer Reise neue Fähigkeiten, neue Schätze entdeckt. Wir haben dazugelernt! Wir haben sehr viel richtig und manches falsch gemacht. Und wir stellen viele Fragen, nach wie vor: Leben wir das, was wir unseren Kunden empfehlen? – Was wollen wir hinterlassen? – Wie können wir noch mehr bewirken? Und, und, und. Auf unserer Reise haben wir das BegeisterungsLand entdeckt. Dort haben wir unser neues Domizil gefunden und echte neue Abenteuer. Wir geben in zahlreichen sozialen Projekten viel zurück von dem, was wir selbst bekommen haben. Und wir haben unglaublich viele Freunde, Partner und Kunden entdeckt, die unser Leben sehr bereichern. Ihnen danke ich ganz, ganz herzlich für ihren Beitrag, der größer ist, als ich an dieser Stelle ausdrücken kann.

Dieses Buch ist das Ergebnis reiner Teamarbeit! Ohne dieses Team wäre es gar nicht möglich gewesen, neben all den spannenden Projekten das aufzuschreiben, was uns allen so sehr auf der Seele brennt: MitarbeiterBegeisterung!

Neben Jennifer Zacher hat vor allem unser Buchcoach Frau Dr. Petra Begemann, Frankfurt a. M., das Buch mitentwickelt. Ohne die Mitwirkung des Orell Füssli Verlags mit Frau Pia Hiefner-Hug und Frau Madlaina Bundi wäre so eine Buchreise ebenfalls nicht zu meistern! Frau Barbara Dibie hat in unglaublicher Zuverlässigkeit die Grafiken umgesetzt. Ich danke ihnen allen sehr.

Und natürlich geht nichts ohne meine Lotsen für Authentizität und Bodenhaftung – meine geliebte Frau Anja und unsere tollen

Kinder. Tim geht schon wieder selbst auf eine lange Reise nach Südafrika, und Laura könnte sich vorstellen, mit mir gemeinsam einen Vortrag zum Thema Führung zu halten: Sie hat entdeckt, dass sich die Themen Erziehung und Reiten hervorragend dafür eignen. Übrigens: Alle, also auch Henning und Arne, sind der Meinung, dass es zum Thema *Familien*Begeisterung noch großes (Verbesserungs-) Potenzial gibt. Danke für die (manchmal schmerzhaften) Anregungen – ich werde sie mir zu Herzen nehmen.

Ralf R. Strupat

Anmerkungen

1 Quelle: Financial Times Mobil vom 1.4.2010, Artikel «Mitarbeiterbindung: Resignation greift im Arbeitsleben um sich»; im Internet unter http://m.ftd.de.
2 www.ifak.com.
3 Aus: Marcus Buckingham / Curt Coffman, Erfolgreiche Führung gegen alle Regeln. Frankfurt am Main: Campus Verlag, 2005.
4 Teresa M. Amabile / Steven J. Kramer, «Was Mitarbeiter wirklich denken»; in: Harvard Business Manager, 2/2010 (Sonderheft «Motivation»); S. 7ff., hier S. 8.
5 Quelle: http://m.ftd.de (Artikel «Mitarbeiterbindung: Resignation greift im Arbeitsleben um sich»).
6 Vgl. www.google.de/intl/de/corporate/culture.html.
7 Wafi Al-Baghdadi, «Was uns motiviert»; in: Harvard Business Manager, 2/2010 (Sonderheft «Motivation»); S. 18f., hier S. 18.
8 Quelle: Nikolas Westerhoff, «Schlechte Chefs. Wie Führungskräfte ihre Mitarbeiter demotivieren und der Wirtschaft schaden – ihre zehn größten Fehler»; in: SZ Wissen, 6/2008; S. 22ff., hier S. 24.
9 Frederick Herzberg, «Was Mitarbeiter in Schwung bringt». Neu abgedruckt ist die Studie im «Harvard Business Manager», 2/2010 (Sonderheft «Motivation»), S. 72ff.
10 Ebd., S. 76.
11 Marcus Buckingham / Curt Coffman: Erfolgreiche Führung gegen alle Regeln; S. 26 und S. 28.
12 Ebd., S. 28.
13 Quelle: www.topjob.de und Wolfgang Clement / Heike Bruch: Top Job 2010. Die besten Arbeitgeber im Mittelstand. München: Redline Verlag, 2010; S. 5.
14 Download der Ergebnisse im Internet unter www.wo-institut.de/fileadmin/wo-institut/media/Bungard.pdf.
15 Anja Förster / Peter Kreuz: Spuren statt Staub. Wie Wirtschaft Sinn macht. Berlin: Econ Verlag, 3. Auflage 2009; hier S. 28.
16 Mehr dazu im Internet unter http://blog.synaxon.de/index.php/2009/01/02/enterprise-20-ein-zwischenstand-von-der-synaxon-ag/.

17 www.runnerspoint.de/job.htm.

18 Wolfgang Clement / Heike Bruch: Top Job 2010; Beispiele S. 95, S. 99, S. 34.

19 Ardeschyr Hagmaier: Ente oder Adler. Vom Problemsucher zum Lösungsfinder. Offenbach: Gabal Verlag, 5. Auflage 2008.

20 Oswald Neuberger: Führen und führen lassen. Ansätze, Ergebnisse und Kritik der Führungsforschung. Stuttgart: Verlag Lucius und Lucius, 6., völlig neu bearbeitete und erweiterte Auflage 2002; S. 109ff.

21 Maren Lehky, Die 10 größten Führungsfehler – und wie Sie sie vermeiden. Frankfurt am Main: Campus, 2007; S. 20f.

22 Vgl. etwa Margit Schönberger, Mein Chef ist ein Arschloch, Ihrer auch? Von Machtmenschen, Feiglingen und Wichtigtuern. Berlin: Goldmann, 2006; Paul Babiak / Robert D. Hare, Menschenschinder oder Manager. Psychopathen bei der Arbeit. München: Hanser, 2007; John Hoover, Chefs und andere Idioten. Wie man im Job überlebt ... ohne seinen Boss zu ermorden. München: Redline Wirtschaft, 2007.

23 In: Nikolas Westerhoff, «Schlechte Chefs»; S. 32 und S. 27.

24 Quelle: Allgemeine Fleischer Zeitung (afz) Nr. 16 vom 21. 4. 2010.

25 Daniel Goleman / Richard Boyatzis / Annie McKee, Emotionale Führung. München: Econ, 2002; S. 21 und S. 29f. Golemans Bestseller erschien 1997 als Taschenbuch: EQ. Emotionale Intelligenz. München: dtv.

26 Tom Peters, Re-imagine! Spitzenleistungen in chaotischen Zeiten. Offenbach: Gabal, 2007; S. 261.

27 Wolfgang Clement / Heike Bruch, Top Job 2010; S. 99.

28 Quelle: ebd., S. 95.

29 Eric T. Hansen, Planet Germany. Eine Expedition in die Heimat des Hawaii-Toasts. Frankfurt: Fischer, 3. Auflage 2007; hier S. 189.

30 J. Sterling Livingston, «Pygmalion in Management» (1968); in: Harvard Business Manager, 2/2010 (Schwerpunkt «Motivation»); S. 63ff., hier S. 65. Der Titel spielt auf George Bernard Shaws Theaterstück «Pygmalion» an, das die meisten in der Musical-Version als «My Fair Lady» kennen: Wer ein ungehobeltes Blumenmädchen konsequent als Dame behandelt, legt die beste Basis dafür, dass sie sich tatsächlich über kurz oder lang wie eine Dame benimmt.

31 Quelle: Nikolas Westerhoff, «Schlechte Chefs»; S. 24.

32 Quelle: ebd.

33 Vgl. Daniel Zanetti, 1001 Tipps zur Mitarbeitermotivation. Verblüffende Ideen für einen motivierenden Alltag. München: Redline, 3. Auflage 2006; S. 28.

34 Fredmund Malik, Führen – Leisten – Leben. Wirksames Management für eine neue Zeit. München: Heyne, 11. Auflage 2001; hier S. 17.
35 Zitiert nach: Anja Förster / Peter Kreuz, Spuren statt Staub; S. 172.
36 Klaus Kobjoll, Motivaction. Begeisterung ist übertragbar. Zürich: Orell Füssli, 13. Auflage 2005; S. 134.
37 Reinhard K. Sprenger, «Vorbild a. D.»; in: Manager Magazin, 5/2010; S. 72.
38 Anja Förster / Peter Kreuz, Spuren statt Staub; S. 46.
39 Vgl. z. B. Alexander Groth, 30 Minuten Stärkenorientiertes Führen. Offenbach: Gabal 2009; oder Marcus Buckingham / Donald O. Clifton, Entdecken Sie Ihre Stärken jetzt! Das Gallup-Prinzip für individuelle Entwicklung und erfolgreiche Führung. Frankfurt am Main: Campus, 3. Auflage 2007.
40 Quelle: www.fom.de (Pressemitteilung vom 9. 1. 2007: «FOM legt Studie zur Arbeitsbelastung deutscher Manager vor»).
41 Ausgabe vom 7. 12. 2008.
42 Heike Bruch / Jochen I. Menges: «Wege aus der Beschleunigungsfalle»; in: Harvard Business Manager Mai 2010; S. 27ff.
43 Vgl. Jens Corssen, Der Selbst-Entwickler. Das Corssen Seminar. Wiesbaden: Beust 2004.
44 Quelle: Wolfgang Clement / Heike Bruch, Top Job 2010; S. 34.
45 Vgl. http://corporate.ritzcarlton.com/en/About/Default.htm.
46 Zitiert nach Anne M. Schüller, Kundennähe in der Chefetage. Wie Sie Mitarbeiter kundenfokussiert führen. Zürich: Orell Füssli, 2008; S. 122.
47 Quelle: stern.de («Umfrage: Mitarbeitergespräche sind häufig unproduktiv»; Artikel vom 2. 2. 2005).
48 Quelle: http://www.bsr.de/bsr/html/6763.htm.
49 Quelle: Anja Förster / Peter Kreuz, Spuren statt Staub; S. 79.
50 In seinem berühmten Aufklärungsdrama «Nathan der Weise».
51 Durchgeführt wurde die Studie vom Schweizer Institut Sciencetransfer in Zusammenarbeit mit der Bertelsmann Stiftung; siehe «Burnout: Lob vom Chef beugt Erkrankung vor» unter www.firmenwissen.de (Meldung vom 26. 5. 2010).
52 Quelle: Das Wintermärchen. 1. Akt, 2. Aufzug.
53 Quelle: Umfrage des Portals www.top-arbeitgebermarke.de.
54 Hermann Simon, Hidden Champions des 21. Jahrhunderts. Die Erfolgsstrategien unbekannter Weltmarktführer. Frankfurt: Campus, 2007.
55 Wafi Al-Baghdadi, «Was uns motiviert»; S. 18f.

56 Während ich diese Zeilen schreibe, haben wir unseren neuen Kooperationspartner Activia Formació auf Mallorca besucht. In Sachen BeGEISTerung scheinen unsere Teams geistig verwandt. Doch eines hat Activia uns noch voraus: Arbeits- und Lebenskultur begeisternd zu verzahnen. Wir arbeiten daran! Mein Tipp: Suchen auch Sie inspirierende Kooperationen (Herzlichen Dank, Jacki und Team!).

Literatur

Al-Baghdadi, Wafi: «Was uns motiviert»; in: Harvard Business Manager (Sonderheft «Motivation»), 2/2010.

Amabile, Teresa M. / Kramer, Steven J.: «Was Mitarbeiter wirklich denken»; in: Harvard Business Manager (Sonderheft «Motivation»), 2/2010.

Babiak, Paul / Hare, Robert D.: Menschenschinder oder Manager. Psychopathen bei der Arbeit. München: Hanser, 2007.

Bruch, Heike / Menges, Jochen I.: «Wege aus der Beschleunigungsfalle»; in: Harvard Business Manager, Mai 2010; S. 27ff.

Buckingham, Marcus / Clifton, Donald O.: Entdecken Sie Ihre Stärken jetzt! Das Gallup-Prinzip für individuelle Entwicklung und erfolgreiche Führung. Frankfurt am Main: Campus, 3. Auflage 2007.

Buckingham, Marcus / Coffman, Curt: Erfolgreiche Führung gegen alle Regeln. Frankfurt am Main: Campus Verlag, 2005.

Clement, Wolfgang / Bruch, Heike: Top Job 2010. Die besten Arbeitgeber im Mittelstand. München: Redline Verlag, 2010.

Corssen, Jens: Der Selbst-Entwickler. Das Corssen Seminar. Wiesbaden: Beust 2004.

Förster, Anja / Kreuz, Peter: Spuren statt Staub. Wie Wirtschaft Sinn macht. Berlin: Econ Verlag, 3. Auflage 2009.

Goleman, Daniel: EQ. Emotionale Intelligenz. München: dtv, 1997.

Goleman, Daniel / Boyatzis, Richard / McKee, Annie: Emotionale Führung. München: Econ, 2002.

Groth, Alexander: 30 Minuten Stärkenorientiertes Führen. Offenbach: Gabal 2009.

Hagmaier, Ardeschyr: Ente oder Adler. Vom Problemsucher zum Lösungsfinder. Offenbach: Gabal Verlag, 5. Auflage 2008.

Hansen, Eric T.: Planet Germany. Eine Expedition in die Heimat des Hawaii-Toasts. Frankfurt: Fischer, 3. Auflage 2007.

Herzberg, Frederick: «Was Mitarbeiter in Schwung bringt»; in: Harvard Business Manager (Sonderheft «Motivation»), 2/2010.

Hoover, John: Chefs und andere Idioten. Wie man im Job überlebt … ohne seinen Boss zu ermorden. München: Redline Wirtschaft, 2007.

Kobjoll, Klaus: Motivaction. Begeisterung ist übertragbar. Zürich: Orell Füssli, 13. Auflage 2005.

Lehky, Maren: Die 10 größten Führungsfehler – und wie Sie sie vermeiden. Frankfurt am Main: Campus, 2007.

Livingston, J. Sterling: «Pygmalion in Management» (1968); in: Harvard Business Manager (Sonderheft «Motivation»), 2/2010.

Malik, Fredmund: Führen – Leisten – Leben. Wirksames Management für eine neue Zeit. München: Heyne, 11. Auflage 2001.

Neuberger, Oswald: Führen und führen lassen. Ansätze, Ergebnisse und Kritik der Führungsforschung. Stuttgart: Verlag Lucius und Lucius, 6., völlig neu bearbeitete und erweiterte Auflage 2002.

Peters, Tom: Re-imagine! Spitzenleistungen in chaotischen Zeiten. Offenbach: Gabal, 2007.

Schönberger, Margit: Mein Chef ist ein Arschloch, Ihrer auch? Von Machtmenschen, Feiglingen und Wichtigtuern. Berlin: Goldmann, 2006.

Schüller, Anne M.: Kundennähe in der Chefetage. Wie Sie Mitarbeiter kundenfokussiert führen. Zürich: Orell Füssli, 2008.

Simon, Hermann: Hidden Champions des 21. Jahrhunderts. Die Erfolgsstrategien unbekannter Weltmarktführer. Frankfurt: Campus, 2007.

Sprenger, Reinhard K.: «Vorbild a. D.»; in: Manager Magazin, 5/2010.

Westerhoff, Nikolas: «Schlechte Chefs. Wie Führungskräfte ihre Mitarbeiter demotivieren und der Wirtschaft schaden – ihre zehn größten Fehler»; in: SZ Wissen, 6/2008.

Zanetti, Daniel: 1001 Tipps zur Mitarbeitermotivation. Verblüffende Ideen für einen motivierenden Alltag. München: Redline, 3. Auflage 2006.

Über den Autor

Ralf R. Strupat – Inhaber der ersten Full-Service-Agentur für gelebte KundenBegeisterung – begleitet mit seinem Team Unternehmen und Institutionen auf dem Weg, schnell und dauerhaft eine neue BegeisterungsKultur zu etablieren.

Nach einer kaufmännischen Ausbildung und einem pädagogischen Studium leitete er zehn Jahre lang die Geschäftsbereiche Personal und Vertrieb in einer Baufirma und erlebte dort den immer härter werdenden Wettbewerb. Er hat es als Erster geschafft, KundenBegeisterung im Bau zu etablieren. Danach stellte er fest, dass das Feuer der Begeisterung auf jede Branche überspringen kann, und entwickelte seit 1998 die erfolgreiche Strategie der KundenBegeisterung, die er durch ein besonderes Konzept der MitarbeiterBegeisterung erweiterte.

Mit seinen Trainings und Vorträgen trägt er die Begeisterung in Unternehmen verschiedener Branchen wie Gesundheitsmanagement, Handwerk, (Lebensmittel-)Handel, Industrie (Maschinenbau, Nahrung) und Non-Profit-Organisationen hinein. Dabei zündet er Geistesblitze und mobilisiert Leistungsreserven, sodass neue Energien bei Mitarbeitern und Unternehmern freigesetzt werden, um Kunden- und MitarbeiterBegeisterung aktiv und nachhaltig zu leben.

Mit seinem sozialen Engagement zeigt der vierfache Familienvater, dass Kunden- und MitarbeiterBegeisterung auch in Vereinen, Schulen und Kommunen zu nachhaltigem Erfolg führt. Ralf R. Strupat ist außerdem als Dozent, gefragter Key-Note-Speaker und Erfolgsautor («Das bunte Ei») bekannt.

www.begeisterung.de
www.dereiertanz.de